Lust auf Lachs

Frisch, gebeizt, geräuchert…

Verlockende Rezepte für den Lieblingsfisch

südwest

Inhalt

Lachs und Blattspinat: ein perfektes Duo.

Räucherlachs verfeinert das schaumige Dillcreme-süppchen.

Raffiniert: Lachscarpaccio mit Orangenspargel.

Liebe Leserinnen und Leser,

Entlang der norwegischen Küste gibt es etwa 900 kontrollierte Aquakulturen, in denen größtenteils Lachse, aber auch Forellen, Austern und Jakobsmuscheln gefarmt werden.

als Repräsentant der norwegischen Fischwirtschaft in Deutschland erlebe ich mit großer Genugtuung, wie das Interesse an Lachs als hochwertigem Bestandteil spannender kulinarischer Genüsse hierzulande ständig steigt.

Norwegen ist der größte Exporteur von Fisch und Krustentieren der Welt und gleichzeitig der größte Lieferant von Atlantischem Lachs. Diese Tatsache verpflichtet die norwegische Fischwirtschaft zur Durchsetzung einer tatkräftigen Ressourcenverwaltung, damit der Fischbestand im Meer erhalten wird, und dazu, ihren Schwerpunkt auf Qualität und Rohwarensicherheit in der Lachswirtschaft zu legen.

Wenn Sie als Verbraucher norwegischen Lachs hier in Deutschland kaufen, haben wir alles in unserer Macht Stehende getan, um Lachs mit Spitzenqualität so frisch wie nur möglich zu liefern. Die Verfasser des vorliegenden Buchs haben das ihre getan, um den Weg zu phantastischen gastronomischen Erlebnissen aufzuzeigen. Nun wird es an Ihnen liegen, Ihrer Familie und Ihren Freunden Lachsgerichte zu servieren, die begeistern werden.

Bei einem meiner ersten Besuche in München hatte ich Gelegenheit, Werner Lichts Kochkunst im »Bistro Terrine« zu erleben. Seither verleitet mich die Qualität seiner Küche immer wieder dazu, bei jedem meiner Aufenthalte in München Zeit für einen Besuch in seinem Restaurant einzuplanen. Ich freue mich, dass die exzellenten Rezepte von ihm und von der renommierten Kochbuchautorin Rose Marie Donhauser mit Hilfe des Südwest Verlags hier veröffentlicht werden.

Jon Hanssen
Fischereiattaché
Kgl. Norwegisches Generalkonsulat
Hamburg
Fischereiabteilung

Aquarien im großen Stil: Lachsfarm an der Küste Norwegens.

Lust auf Lachs

Die Statistik zeigt es: Lachs zählt zu den begehrtesten Fischen auf dem internationalen Speisezettel, und täglich gewinnt er mehr Freunde. Um nun die Lust und den Appetit auf den einstigen Edelfisch – der mittlerweile zum edlen Konsumfisch geworden ist – zu stillen, reichen die Wildbestände schon lange nicht mehr aus. Vielmehr hat sich durch die gesteigerte Nachfrage ein ganz neuer Zweig der Fischproduktion entwickelt: Lachsfarming. Die gezielte Vermehrung von Lachs und seine Aufzucht unter kontrollierten Bedingungen dienen nicht zuletzt auch der Schonung der noch vorhandenen Wildlachsbestände. Sie ermöglichen die Versorgung mit frischem Lachs gesicherter Qualität das ganze Jahr hindurch, und das zu erschwinglichen Preisen. Heute kann sich jeder öfter einmal Lachs leisten. Die Romantik reduziert sich bei dem hohen Fischkonsum nur noch auf Nostalgie. Die Vorstellung, dass Lachs aus der freien Wildbahn kommt, möglichst noch mit der Angel gefangen, ist inzwischen immer öfter ein Trugschluss.

Internationale Lachszucht

Weltweit wurden 1998 etwa 120 Millionen Tonnen Fisch und Meeresfrüchte gefangen und geerntet, fast 100 Millionen Tonnen davon direkt für den menschlichen Verzehr. Etwa ein Drittel dieser Menge wuchs bereits in Wasserfarmen, den Aquakulturen, heran. Das Fischen wilder Lachse brachte gut 800000 Tonnen, zusätzlich wurden über 837000 Tonnen in Farmen gezüchtet. Die USA, Japan, Kanada und Russland stellen zusammen über 63 Prozent des Lachsangebots auf dem Weltmarkt, dabei handelt es sich zum großen Teil um gefischten pazifischen Wildlachs. Es folgen die Farmlachse – überwiegend Atlantischen Lachs – produzierenden Länder, allen voran Norwegen mit etwa 17 Prozent, Chile und Großbritannien (Schottland) mit sieben bzw. fünf Prozent und Irland mit einem Prozent. Auch auf den Färöerinseln und auf Island, selbst in Australien wird dieser Lachs in Wasserfarmen gezüchtet. Von den über 1,6 Millionen Tonnen weltweit produzierten Lachses ist über 35 Prozent Atlantischer Lachs oder, wie der Meeresbiologe ihn nennt, Salmo salar. Das ist die Lachsart, die in Europa heimisch ist und in den europäischen Lachsfarmen aufgezogen wird. Manche Feinschmecker schwören auf echten Wildlachs, was allerdings bei einem Kilopreis von bis zu 100 DM ein exklusives Vergnügen bleibt. Der gezüchtete Lachs unterscheidet sich geschmacklich nicht vom Wildlachs. Und das radikale Abfischen der ohnehin schon dezimierten Wildlachsbestände kann auch nicht das Ziel europäischer Gourmets sein.

Der Wildlachs hat mehr Muskelfleisch als Zuchtlachs, ist aber in freier Natur recht selten geworden – nicht ohne Auswirkung auf seinen Preis. Von Gourmets wird er jedoch weiterhin bevorzugt.

In freier Wildbahn erreichen nur knapp zehn Prozent der Lachse das Jugendalter und gelangen ins Meer.

Damit sich Lachse in Aquakulturen wohl fühlen, muss man ihnen die Bedingungen bieten, die sie in ihrem natürlichen Lebensraum vorfinden, dazu gehören unter anderem die richtige Wassertemperatur und -qualität, das richtige Licht und das richtige Futter.

Wie sieht eine Lachsfarm aus?

Erfunden wurde das Lachsfarming vor gut 30 Jahren in Norwegen. Die über 20 000 Kilometer lange Küstenlinie mit kühlem, klarem Seewasser bietet ideale Bedingungen. Lachsfarmen sind im Meer fest verankerte, riesengroße Netzgehege, die etwa eine Fläche von 15 mal 15 Meter einschließen und bis zu 30 Meter tief ins Wasser reichen. Darin schwimmen die Lachse und werden gefüttert. In diese Seegehege werden Junglachse gesetzt, die in speziellen Süßwasser-Bruthäusern heranwachsen. Ermöglicht hat dies die Entdeckung, dass man Lachseier unter kontrollierten Bedingungen durch Zusammenrühren von Milch und Rogen befruchten kann. Die Eier werden dann in quellwasserdurchflutete Brutschubladen gelegt. Die Larven schlüpfen, wachsen zu Fingerlingen heran und erst der Junglachs, »Smolt«, wird im Alter von einem Jahr in ein Seegehege umgesetzt. Dort bleibt er weitere eineinhalb Jahre, bis er ein Gewicht von drei bis vier Kilogramm erreicht hat. In Freiheit wachsen Lachse meist langsamer, weil sie nicht so regelmäßig zu fressen bekommen. Doch der eigentliche Erfolg des Lachsfarmings besteht in der hohen Überlebensrate des Lachsnachwuchses unter den behüteten Farmbedingungen. Während in der freien Natur kaum zehn Prozent der Jungfische überhaupt ins Meer gelangen, werden über 90 Prozent des Nachwuchses aus der Farm auch erwachsen.

Zuchtlachs ist die günstige Alternative zu Wildlachs. Sein Fleisch ist von gleichbleibender guter Qualität und er ist im Gegensatz zu Wildlachs ständig verfügbar.

Ein Fisch namens Lachs

Bei den Lachsfischen, den Salmoniden, unterscheidet man zwei Gattungen, die auf der Nordhalbkugel unserer Erde beheimatet sind. Die größere Gattung, Oncorhynchus, lebt im Pazifik. Zu ihr gehören fünf verschiedene Lachsarten, die überwiegend befischt werden, daher bestimmt bei ihnen vor allem das saisonale Angebot den Preis. In der anderen Gattung, Salmo, finden wir nur einen echten, den Atlantischen Lachs, Salmo salar. Er verbringt sein Leben im Atlantik und bildet das Hauptangebot in Europa.

Lachse sind Wanderfische. Obwohl sie im Meer leben, ordnet man sie den Süßwasserfischen zu. Das kommt nicht von ungefähr, denn sie werden im Süßwasser der Flüsse geboren und verbringen dort auch ihre Jugend. Erst wenn sie erwachsen werden – das kann ein bis mehrere Jahre dauern – wandern sie aus ihrem Geburtsfluss in das offene Meer. Dort ziehen sie zu ihren Weidegründen und ernähren sich von kleineren Fischen wie Heringen, Sprotten und von Krebstieren. Die

Krebstiere sind übrigens für die Rosafärbung des Lachsfleischs verantwortlich. Ein bis vier Jahre verbringen die Lachse im Meer, erst beim Herannahen der Geschlechtsreife beginnt die Laichwanderung zurück in die Geburtsflüsse. Dann legen die Lachse ihr »Hochzeitskleid« an, den Männchen wächst ein kräftiger Hakenkiefer, und die silbrigblauen, blanken Fische färben sich olivgrün bis braun. Einige pazifische Arten werden leuchtend rot wie der Sockeye-Lachs, den auch Bären gern fangen, oder sie entwickeln einen auffälligen Buckel wie der Pink. Pazifische Lachse laichen nur einmal in ihrem Leben, der Atlantische Lachs dagegen zieht nach dem Laichgeschäft wieder ins Meer, um sich im nächsten Jahr erneut fortzupflanzen. Diesen Lebenszyklus der Lachse galt es, in den Aquakulturen nachzuvollziehen.

Die Lachsverwandtschaft

Zur Familie der Lachsfische gehören zunächst die Forellen. Die Bachforelle, Salmo trutta, ist sozusagen die europäische kleine Schwester des Atlantischen Lachses. Man trifft sie zwar überwiegend in klaren, sauerstoffreichen Bächen, doch auch sie kann wandern. Zuweilen findet man sie in größeren Seen als Seeforelle, ab und zu wandert sie wie der Lachs ins Meer und wird als Meerforelle gefischt. Während sie im Bach recht klein bleibt, kann sie im See oder Meer zum stattlichen, mehrere Kilogramm schweren Fisch heranwachsen. Auch die pazifischen Lachse haben Forellenschwestern. Am bekanntesten ist die Regenbogenforelle, die im letzten Jahrhundert aus Amerika eingeführt wurde. Auch sie wandert zuweilen ins Meer. Lachsforellen sind in den allermeisten Fällen

»Wildwasserlachs« ist nicht wild aufgewachsener, sondern in Wildwasser gezüchteter Lachs.

Der Saibling aus der Familie der Lachsfische hat festes, zart lachsfarbenes Fleisch, das besonders pochiert oder gedünstet hervorragend schmeckt.

Gravad oder Graved Lachs kommt aus den skandinavischen Sprachen und heißt »vergrabener Lachs«. Früher hat man den Lachs in der Beize (aus Dill, Pfeffer, Salz und Zucker) einfach unter einer Schicht Erde verbuddelt und ihn dadurch gekühlt.

Lachs wird nach dem Beizen häufig noch geräuchert, um sein Aroma zu verfeinern.

Regenbogenforellen mit rotem Fleisch und einem dem Lachs entsprechenden Fettgehalt, oft haben sie einige Zeit in Seegehegen im Meerwasser verbracht. Auch der Saibling, der immer häufiger in Teichwirtschaften aufgezogen wird, gehört zu den Lachsfischen, ebenso wie Maränen, Felchen oder Renken, die man als Spezialität besonders aus den Voralpenseen kennt, und der Donauhuchen.

Lachs auf den Tisch

In der deutschen Fischhitliste steht Lachs an erster Stelle – mit steigender Tendenz. Über 80 000 Tonnen haben sich die Deutschen 1998 schmecken lassen. Der allergrößte Teil davon stammt aus norwegischen Lachsfarmen.
Die reichhaltige Auswahl, in der Lachs bei uns angeboten wird, erleichtert die Zubereitung: Es gibt ihn frisch als ganzen Fisch mit und ohne Kopf, in Scheiben, Tranchen, Koteletts oder zum Filet geschnitten, mit und ohne Haut, man bekommt ihn beim Fischfachhändler oder im Supermarkt von der Frischfischtheke. Auch das Angebot aus der Tiefkühltruhe ist verbraucherfreundlich vorbereitet.
Daneben wird eine breite Palette veredelten Lachses angeboten, gebeizt (Gravad), heißgeräuchert und vor allem kaltgeräuchert: Es gibt ihn lose, direkt von der ganzen Seite geschnitten oder vorverpackt und vorgeschnitten im Kühlregal. Hier ist der Preis ganz wesentlich von der Verarbeitung abhängig. Der klassisch von Hand gesalzene, individuell geräucherte und manuell geschnittene Rauchlachs hat natürlich seinen Preis. Beim vorverpackten Angebot sollte man darauf achten, dass Fleischstruktur und Muskelsegmente klar zu erkennen sind.

Gesundheit zum Essen

100 Gramm frischer Atlantischer Lachs besteht aus knapp 70 Gramm Wasser, etwa 20 Gramm Eiweiß und gut 10 Gramm Fett. Darin sind viele Vitamine, vor allem die fettlöslichen Vitamine A, D und E, gespeichert. Aber auch die wertvollen B-Vitamine (B1, B2, B6 und B12) sind im Lachs reichlich vorhanden. Mineralstoffe und Spurenelemente wie Kalium, Magnesium und Phosphor sowie Eisen, Zink, Selen, Fluor und – ganz besonders wichtig– Jod sind in relativ großen Anteilen vertreten. Ernährungswissenschaftler empfehlen daher den Verzehr von Seefisch ein- bis zweimal in der Woche für eine gesunde Ernährung.

Neben Lachs werden auch verschiedene Forellenarten in Aquakulturen in Norwegen gefarmt.

Das Zauberwort »Omega-3«

Eine fettarme Ernährung ist gut für Gesundheit und Fitness. Doch Fett ist nicht gleich Fett. Das Fett der Fische z. B. ist etwas Besonderes: Fettreichere Seefische aus kalten Gewässern wie der Lachs enthalten einen hohen Anteil der berühmten Omega-3-Fettsäuren, die zu den mehrfach ungesättigten Fettsäuren gehören und die unser Körper nicht selbst bilden kann. Diese ungesättigten Fettsäuren stellen – regelmäßig mit der Nahrung aufgenommen – einen wahren Segen für die Gesundheit dar: Sie senken nachweislich Blutdruck und Blutfettspiegel, wirken entzündungshemmend, beeinflussen den Cholesterinspiegel positiv und senken zudem das Herzinfarktrisiko. Noch ein Grund mehr, öfters einmal Lachs auf den Tisch zu bringen.

Gute Laune durch Lachs

Was wir Tag für Tag essen, beeinflusst unsere körperliche Fitness und unser Wohlbefinden. Grund hierfür sind die Wirkungen der Aminosäuren, der Bausteine des Eiweißes, im Stoffwechsel. Fisch ist das einzige Lebensmittel, das das ganze Spektrum lebensnotwendiger Aminosäuren enthält. Dabei spielen die Aminosäuren Tryptophan und Tyrosin eine spezielle Rolle. Tryptophan ist die Vorstufe für Serotonin, das auch als Gute-Laune-Hormon bezeichnet wird. Serotonin reguliert eine Reihe menschlicher Verhaltensweisen, z. B. die Stimmungslage. Die Aminosäure Tyrosin kann über hormonelle Reglerkreise sowohl die körperliche als auch die mentale Leistung unterstützen.
Also: Essen Sie viel Fisch – am besten zweimal die Woche –, und Sie fühlen sich rundum wohl.

Frischer Fisch riecht angenehm nach Meer, aber niemals fischig. Die Schuppen sind unbeschädigt und glänzen, die Augen sind klar und glänzend, nicht trüb und eingefallen. Die Kiemen haben eine leuchtend rote Farbe. Das Fleisch muss sich fest und elastisch anfühlen. Enthäutetes Fischfleisch darf keine verfärbten oder trockenen Stellen aufweisen.

Feines zum Entrée

Das beste Menü wäre nur halb so genussreich, wenn es nicht auf besonders verlockende und appetitliche Weise begonnen würde – mit einer kleinen, aber feinen Vorspeise. Sie soll Lust aufs Essen machen und muss deshalb mehr noch als die satt machende Hauptspeise das Auge ansprechen. Durch sein auffallend rosarotes Fleisch lassen sich mit Lachs außergewöhnliche Farbeffekte erzielen. Zudem ist Lachs sehr vielseitig: Man kann ihn – für kalte Vorspeisen – beizen, marinieren oder pürieren und mit Dill-Senf-Sauce oder einer feinen Tomatenmousse genießen. Oder warm als Krönung eines raffinierten Salats. Und als Häppchen zum Champagner servieren Sie Lachspralinen im Mantel.

Klassiker aus Schweden

Gebeizter Lachs mit Dill-Senf-Sauce

Weintipp
Einen Vino Frizzante, z. B. einen Val Monte Prosecco di Conegliano DOC, gut gekühlt dazu servieren.

Für 4 Portionen
Zum Beizen:
2 Bund Dill
2 Bund Petersilie
50 g Fenchelgrün
1 Zitrone
200 g Salz
200 g Zucker
3 EL weiße Pfefferkörner
3 EL Korianderkörner
3 EL Senfkörner
3 EL Wacholderbeeren
1 frische Lachsseite von etwa 600 g ohne Gräten
2 EL Sonnenblumenöl
Für die Dill-Senf-Sauce:
2 EL scharfer Senf
1 EL Zucker
1 Eigelb
100 ml Pflanzenöl
2 EL Weißweinessig
1 EL Honig
Salz, frisch gemahlener Pfeffer
1 TL gehackter Dill
2 Salatherzen

Dill ist das ideale Kraut für die verschiedensten Lachsvariationen.

50 Minuten
Beizzeit: 48 Stunden

1 Dill, Petersilie sowie Fenchelgrün waschen und fein hacken. Die Zitrone waschen, trockenreiben und das Gelbe abschälen. Salz und Zucker mischen.

2 Auf den Boden einer großen, flachen Form jeweils die Hälfte der Zucker-Salz-Mischung, der Kräuter und der Gewürze verteilen. Den Lachs mit der Hautseite nach unten darauf legen. Dann mit der jeweils zweiten Hälfte Kräuter, Zucker-Salz-Mischung, Gewürze und der Zitronenschale bedecken.

3 Den Lachs mit Folie abdecken und 48 Stunden ziehen lassen. Während dieser Zeit die Lachsseite 2-mal wenden.

4 Den Lachs aus der Beize nehmen und für etwa 20 Minuten in kaltes Wasser legen. Die Lachsseite herausnehmen, gut abtrocknen und mit Sonnenblumenöl einreiben.

5 Für die Sauce Senf, Zucker und Eigelb cremig rühren. Langsam das Öl unterschlagen.

6 Die Sauce mit Weißweinessig, Honig, Salz, Pfeffer und Dill würzen. In vier Portionsschälchen füllen. Die Salatherzen waschen, trockenschwenken und in ganze Blätter oder kleinere Stückchen teilen.

7 Den Lachs schräg in dünne Scheiben schneiden. Zusammen mit den Salatherzen auf vier großen Tellern anrichten. Die Sauce dazu reichen.

Perfekte Harmonie

Lachstatar mit Koriander

Für 4 Portionen
2 EL Korianderkörner
100 ml Olivenöl
2 Stängel frischer Koriander
200 g Crème fraîche
Saft von 1/2 Zitrone
Salz, frisch gemahlener Pfeffer
300 g frischestes Lachsfilet
Für die Garnitur:
einige Salatblätter, mit Essig, Öl, Salz und Pfeffer angemacht

30 Minuten
Wartezeit: 8 Stunden

1 Die Korianderkörner im Mörser zerstoßen, im Olivenöl über Nacht durchziehen lassen.

2 Den Koriander waschen, trockenschwenken, Blättchen von den Stielen zupfen und fein hacken. Mit Crème fraîche, 1 Teelöffel Zitronensaft, Salz und Pfeffer verrühren.

3 Den Lachs sehr fein hacken und mit 6 Esslöffeln des gefilterten Korianderöls langsam verrühren. Das Lachstatar mit restlichem Zitronensaft, Salz und Pfeffer würzen. Auf vier großen Tellern mit dem angemachten Salat und der Koriander-Crème-fraîche hübsch anrichten.

Zum Lachstatar mit Koriander-Crème-fraîche passen Kartoffelrösti aus fein geriebenen, mit Salz und Pfeffer gewürzten Kartoffeln.

Weintipp

Genießen Sie dazu einen säurearmen weißen Gavi di Gavi Doc, Tenuta La Meirana, er ist vollmundig und ausdrucksvoll.

Einfach und sehr edel

Tomatenmousse mit gebeiztem Lachs

Weintipps
Zu diesem edlen Entrée passt prickelnder Champagner. Wer Weißwein bevorzugt, sollte einen Los Vascos, einen Cabernet Sauvignon von der Domaine Rothschild, wählen.

Für 4 Portionen

- 600 g Tomaten
- 50 g Butter
- 3 EL Weißweinessig
- Salz, frisch gemahlener Pfeffer
- 1 Prise Zucker
- 6 Blatt Gelatine
- 250 g Sahne
- 1/2 Friséesalat
- 150 g Crème fraîche
- etwas Zitronensaft
- einige frische Basilikumblättchen
- 16 dünn geschnittene Scheiben gebeizter Lachs

60 Minuten
Kühlzeit: 3 Stunden

1 Die Tomaten waschen und vierteln. In einem Topf die Butter erhitzen und darin die Tomaten etwa 20 Minuten dünsten lassen. Mit Essig, Salz, Pfeffer und Zucker würzen. Vier hitzebeständige Portionsförmchen mit kaltem Wasser ausspülen.

Frische knallrote Strauchtomaten haben ein vorzügliches Aroma.

2 Die Gelatine in kaltem Wasser einweichen. Sahne steif schlagen. Die Tomaten durch ein Sieb streichen und die Gelatine im Tomatenmus auflösen. Die geschlagene Sahne unter das abgekühlte Mus heben. In die Förmchen füllen, mit Klarsichtfolie abdecken und zum Erkalten in den Kühlschrank stellen.

3 Den Salat zerteilen, waschen und trockenschwenken. Die Crème fraîche mit Zitronensaft und Salz würzen. Die Basilikumblättchen waschen und trockenschwenken.

4 Die Tomatenmousse aus den Förmchen stürzen und auf vier großen Tellern jeweils in der Mitte anrichten. Rundherum den Friséesalat mit je 4 Lachsscheiben hübsch anrichten. Mit Klecksen von Crème fraîche und Basilikumblättchen garnieren.

Tipp der Köche

Je nach saisonalem Angebot den Friséesalat durch andere Salatsorten wie Feldsalat, Lollo Rosso oder Eisbergsalat ersetzen. Diese Salate dann eventuell mit einer einfachen Essig-Öl-Marinade anmachen. Die Tomaten können statt durch ein Sieb auch durch die Flotte Lotte passiert werden.

Einfach wunderbar

Räucherlachs im Crêpeteig

Für 4 Portionen
Für die Crêpes:
100 g Mehl
150 ml Milch
2 Eier
2 EL gehackte Petersilie
Salz, frisch gemahlener Pfeffer
1 Messerspitze gemahlene Muskatnuss
60 g zerlassene Butter
300 g Räucherlachs in Scheiben
1 EL Sahnemeerrettich (Fertigprodukt)
Außerdem:
4 Salatherzen
3 EL Weißweinessig
4 Eier
3 EL Olivenöl
150 g Crème fraîche
1 TL Zitronensaft
1 EL gehackter Dill

40 Minuten

1 Mit einem elektrischen Handrührgerät Mehl und Milch glatt rühren. Eier und die Hälfte der Petersilie unterschlagen. Den Teig mit Salz, Pfeffer und Muskat würzen. Zuletzt 40 Gramm Butter unter den Teig rühren.

2 Mit der restlichen Butter in einer Pfanne 8 dünne Pfannkuchen backen. Diese einzeln auf einer Arbeitsplatte auslegen, darauf den Räucherlachs verteilen und mit Sahnemeerrettich dünn bestreichen.

3 Die Crêpes aufrollen und einzeln mit Klarsichtfolie umwickeln; bis zum Servieren kühlen. Die Salatherzen waschen, trockenschwenken und etwas zurechtzupfen.

4 1/2 Liter Wasser mit 2 Esslöffeln Essig aufkochen. Die Eier einzeln in eine Tasse schlagen und langsam in das kochende Wasser gleiten lassen. Etwa 8 Minuten ziehen lassen.

5 In der Zwischenzeit die Salatherzen mit Olivenöl, dem restlichen Weißweinessig, Salz und Pfeffer anmachen. Auf vier großen Tellern hübsch anrichten. Die pochierten Eier mit einer Schaumkelle aus dem Wasser nehmen und in kaltes, leicht gesalzenes Wasser legen.

6 Die Crème fraîche mit Salz, Pfeffer, Zitronensaft, restlicher Petersilie und Dill verrühren. Die Crêperollen aus der Folie wickeln und schräg in dünne Scheiben schneiden.

7 Die pochierten Eier aus dem Wasser nehmen, gut abtropfen lassen und zusammen mit den Crêpescheiben um und auf dem Salat anrichten. Mit Klecksen von Kräuter-Crème-fraîche garnieren.

Frische Petersilie können Sie in ein Glas Wasser stellen oder in einem Frischhaltebeutel im Kühlschrank aufbewahren.

Weintipp

Reichen Sie dazu einen gut gekühlten italienischen Rosé aus biologischem Anbau, z. B. einen Bardolino Chiaretto Classico DOC aus Venetien.

Saisonal genießen

Steinpilze mit Feldsalat und Lachs

Für 4 Portionen

400 g frische Steinpilze
1 Bund Petersilie
4 entrindete Weißbrotscheiben
1 EL Butter
400 g Feldsalat
200 g Lachsfilet
Salz, frisch gemahlener Pfeffer
1 TL Zitronensaft
6 EL Olivenöl
2 EL weißer Aceto balsamico (ersatzweise Weißweinessig)

50 Minuten

Weintipp
Trinken Sie dazu einen sehr trockenen Schaumwein aus dem Trentino, etwa einen Clarius Chardonnay Spumante Brut.

Bei frischen Steinpilzen sollte man junge Pilze bevorzugen, da diese schmackhafter sind als ältere.

1 Die Steinpilze putzen und dabei die Kappen mit einem feuchten Tuch abreiben. Fein blättrig schneiden. Petersilie waschen, trockenschwenken, die Blättchen von den Stielen zupfen und fein hacken.

2 Die Weißbrotscheiben in zentimetergroße Würfel schneiden. In einer Pfanne die Butter erhitzen und die Weißbrotwürfel darin knusprig braten; beiseite stellen. Den Feldsalat verlesen, waschen und trockenschwenken.

3 Den Lachs 1-mal quer fast ganz durchschneiden und auseinander klappen, so dass eine Fläche entsteht. Auf beiden Seiten mit Salz, Pfeffer und Zitronensaft würzen. Ein großes Stück Alufolie mit 1 Esslöffel Olivenöl bepinseln und darauf den Lachs legen.

4 Den Lachs mit 2/3 der Petersilie bestreuen. Den Lachs aufrollen und in die Folie einwickeln, diese gut verschließen. In einem Topf mit Dämpfeinsatz Wasser aufkochen. Die Lachsrolle auf den Dämpfeinsatz legen und etwa 10 Minuten dämpfen.

5 In der Zwischenzeit 2 Esslöffel Olivenöl erhitzen und darin die Steinpilze braten. Mit Salz und Pfeffer würzen und mit der restlichen Petersilie verfeinern. Den Feldsalat mit restlichem Olivenöl, Essig, Salz und Pfeffer anmachen.

6 Den Feldsalat auf vier große Teller verteilen und mit den Steinpilzen bestreuen. Den Lachs aus dem Topf nehmen, kurz abkühlen lassen und auswickeln. In Scheiben schneiden und auf dem Salat anrichten. Mit den Brotwürfeln bestreuen.

Fruchtige Kombination

Staudensellerie mit gebratenem Lachs

Für 4 Portionen

400 g Staudensellerie
4 Orangen
20 g Butter
Salz
20 rosa Pfefferkörner
1 EL Himbeeressig
4 frische Basilikumblätter
frisch gemahlener Pfeffer
3 EL Sonnenblumenöl
4 Stücke Lachs (à ca. 70 g) ohne Gräten
etwas Friséesalat zum Garnieren

60 Minuten

Himbeeressig verleiht dem Sellerie eine angenehm fruchtig-säuerliche Note.

1 Den Staudensellerie waschen, putzen und eventuell die Fäden abziehen. In etwa 2 Zentimeter lange Stücke schneiden.

2 Orangen mit einem scharfen Messer über einem Teller bis ins Fruchtfleisch schälen, die einzelnen Filets zwischen den Trennwänden auslösen. Trennwände über dem Teller fest ausdrücken und wegwerfen.

3 In einer Pfanne die Butter erhitzen und darin den Sellerie andünsten. Leicht salzen und mit einigen Esslöffeln Wasser ablöschen. Den aufgefangenen Orangensaft zugießen und den Sellerie so lange dünsten, bis keine Flüssigkeit mehr vorhanden ist.

4 Die Pfefferkörner unter den Sellerie rühren und das Ganze mit Himbeeressig abschmecken. Zuletzt die Orangenfilets sowie die Basilikumblätter unterziehen. Mit Salz und Pfeffer würzen.

5 In einer Pfanne das Sonnenblumenöl erhitzen. Die Lachsscheiben mit Salz und Pfeffer würzen und in dem heißen Öl von jeder Seite 2 Minuten braten.

6 Den Staudensellerie auf vier vorgewärmte Teller verteilen und dazu je 1 Scheibe gebratenen Lachs anrichten. Mit etwas Friséesalat garnieren.

Pralinen auf japanische Art

Zweierlei Lachssushi

Für 4 bis 6 Portionen

600 g Rundkornreis
100 ml Reisweinessig (oder Tafelessig)
2 EL Zucker
2 EL Salz
300 g Lachsfilet
1 Glas grüner Meerrettich (Wasabi; aus dem Asienladen)
Schnittlauchröllchen und gehackter Dill zum Garnieren
getrocknete Seetangblätter (jedes Blatt etwa 20 x 15 cm groß)
1 Flasche japanische Sojasauce zum Dippen

60 Minuten

1 Den Reis in 600 Milliliter Wasser aufkochen. Vom Herd ziehen und 10 Minuten quellen lassen.

2 Den Reis in eine Schüssel umfüllen. Den Reisweinessig mit Zucker und Salz verrühren und vollständig unter den Reis mischen. Den Lachs in feine Streifen schneiden.

3 Aus der Hälfte der Reismenge kleine Bällchen formen (je etwa 1 Esslöffel voll Reis). Leicht platt drücken, in die Oberfläche eine Vertiefung drücken. Etwas Meerrettich einfüllen und 1 Lachsstreifen darüber geben. Mit Schnittlauch und Dill garnieren.

4 Auf eine Arbeitsfläche eine Sushimatte (kleine Bambusmatte, Asienladen) legen. Auf diese ein Seetangblatt geben und mit dem restlichen Reis ausstreichen. In der Mitte der Länge nach einen Streifen Meerrettich ziehen und darauf Lachsstreifen legen. Mit Hilfe der Matte einrollen. Mit einem scharfen Messer quer etwa 1 1/2 Zentimeter lange Stücke abschneiden.

5 Sushiröllchen und Reisbällchen auf Vorspeisentellern hübsch anrichten oder als Fingerfood auf Vorlegeplatten bereitstellen. Die Sojasauce zum Dippen in Portionsschälchen füllen.

Mit den zweierlei Lachssushi können Sie genießen wie in Japan.

Getränketipp
Dazu gehört ein Gläschen Champagner.

Eierschalen bringen das Räucherlachsgelee in die richtige, österliche Form.

Zum Osterbrunch

Räucherlachseier im Salatnestchen

Für 4 Portionen

- 4 Eier mit schönen festen Schalen
- 200 g Räucherlachsfilet in Scheiben
- 1/2 Bund gemischte Kräuter
- Salz, frisch gemahlener Pfeffer
- 1 EL Zitronensaft
- 3 Blatt weiße Gelatine
- 1/8 l klarer Fischfond (Fertigprodukt oder Rezept Seite 32)
- 5 EL trockener Weißwein
- 1/2 Lollo-Bianco-Salat (ersatzweise grüner oder roter Lollo)
- 4 EL Olivenöl
- 3 EL weißer Aceto balsamico (ersatzweise Weißweinessig)

Weintipp
Dazu einen frischen, lebendigen Weißwein mit feiner Frucht servieren, etwa einen Chardonnay Domaine de la Tuilerie.

30 Minuten
Kühlzeit: 3 Stunden

1 Die Eier an der Spitze nur so weit öffnen, dass man später etwas einfüllen kann, und die Schalen leeren (Inhalt der Eier anderweitig, z. B. für Rühreier, verwenden). Gründlich durchspülen und trocknen.

2 Die Räucherlachsscheiben in sehr feine Streifen schneiden. Die Kräuter waschen, trockenschwenken, die Blättchen von den Stielen zupfen und fein hacken. Den Lachs und die Kräuter vermengen und mit Salz, Pfeffer und Zitronensaft würzen.

3 Die Gelatine in wenig kaltem Wasser einweichen. Den Fischfond mit dem Weißwein erwärmen und die ausgedrückte Gelatine darin auflösen. In die 4 Eierschalen etwas Fischgelee gießen und das Lachsgemisch einfüllen. Zuletzt wieder mit Fischgelee begießen.

4 Die Eier in Eierbechern zum Gelieren in den Kühlschrank stellen. Kurz vor dem Servieren den Salat zurechtzupfen, waschen und trockenschwenken. Aus Olivenöl, Essig, Salz und Pfeffer ein Dressing rühren, über den Salat geben und auf vier Tellern anrichten.

5 Die Räucherlachseier vorsichtig von den Schalen befreien, in die Salatnester legen und mit Remouladen- oder Senfsauce und Baguette servieren.

Tipps der Köche

- Man könnte auch aus Zucchini oder Gurken kleine Eierbecher zurechtschneiden und die Räucherlachseier darin servieren.
- Je nach Größe der Eierschalen reicht die Lachsmasse auch für 5 Geleeeier.

Eine feine Kombination

Lachsstreifen im Spargelsalat

Für 4 Portionen

500 g weißer Spargel
Salz, 1 Prise Zucker
Saft von 1/2 Zitrone
2 EL Butter
250 g Austernpilze
1 Knoblauchzehe
frisch gemahlener Pfeffer
250 g Lachsfilet
1/2 Bund gemischte Kräuter
4 EL Olivenöl
1 TL scharfer Senf
1 EL Kräuteressig
3 EL Orangensaft
frischer Kerbel zum Garnieren

40 Minuten

1 Den Spargel schälen und in kochendes Salzwasser legen. Zucker, etwas Zitronensaft und 1/2 Esslöffel Butter einrühren und den Spargel in etwa 15 Minuten garen.

2 Die Austernpilze putzen und je nach Größe etwas kleiner schneiden. Die Knoblauchzehe abziehen und fein würfeln. Restliche Butter erhitzen und darin den Knoblauch andünsten. Die Austernpilze hinzufügen und etwa 5 Minuten braten. Mit Salz und Pfeffer würzen und vom Herd ziehen.

3 Das Lachsfilet in feine Streifen schneiden und mit Zitronensaft beträufeln. Die Kräuter waschen und fein hacken. Den Spargel in ein Sieb gießen und in etwa 2 Zentimeter große Stücke schneiden.

4 Aus Olivenöl, Senf, Kräuteressig, Orangensaft und 1 Esslöffel Spargelsud eine Marinade rühren. Mit Salz und Pfeffer würzen. Spargel, Pilze und Lachs mit der Marinade locker vermengen und auf Teller verteilen. Mit Kerbel garnieren.

Tipps der Köche

Der frische Lachs wird wie für ein Tatar klein geschnitten und mit Zitronensaft mariniert. Dadurch ist er nicht mehr roh. Sie können die Lachsstreifen auch vorsichtig kurz in Butter schwenken.

Zu den Lachsstreifen mit Spargelsalat passt saftiges Nuss- oder dunkles Körnerbrot mit Butter.

Spargel hat nur kurz Saison. Genießen Sie ihn daher in dieser Zeit sooft wie möglich.

Der Hauch des Südens

Artischocken-Tomaten-Salat mit Lachs und Rucola

Weintipp
Bei Artischocken verweilen wir gern im Süden, warum also nicht ein Gläschen Côtes de Provence dazu probieren?

Artischocken sind ausgesprochen gesund: Sie enthalten Substanzen, die harntreibend wirken und die Gallensekretion anregen. Und als Salat zusammen mit Tomaten, Lachs und Rucola schmecken sie einfach köstlich.

Für 4 Portionen

50 g Pinienkerne
4 frische Artischocken
2 Zitronen
4 Tomaten
je 1 Zweig Rosmarin, Thymian und Basilikum
1 Knoblauchzehe
4 Sträußchen Rucola
4 Scheiben Lachsfilet (à ca. 80 g)
Salz, frisch gemahlener Pfeffer
9 EL Olivenöl
4 EL Aceto balsamico

60 Minuten

1 Die Pinienkerne in einer heißen, ungefetteten Pfanne unter Schwenken kurz rösten.

2 Die Artischocken putzen, dabei die Stiele abbrechen und die Schnittflächen sofort mit 1/2 Zitrone einreiben. Die Blätter abzupfen und das Heu entfernen.

3 Die Artischockenböden in kaltes Zitronenwasser legen. Die Tomaten mit heißem Wasser überbrühen, häuten, entkernen und in Streifen schneiden. Die Kräuter waschen und fein hacken.

4 Die Knoblauchzehe abziehen und in Streifen schneiden. Den Rucola waschen und trockenschwenken. Die Lachsscheiben mit Salz, Pfeffer und Zitronensaft würzen.

5 In einer Pfanne 3 Esslöffel Olivenöl erhitzen. Die Artischockenböden mit Küchenpapier abtupfen und in kleinere Stücke schneiden. Zusammen mit dem Knoblauch und den Kräutern andünsten.

6 Den Pfanneninhalt mit Salz und Pfeffer würzen und etwa 5 Minuten garen. Vom Herd ziehen und kurz abkühlen lassen. Dann mit den Tomatenstreifen, je 2 Esslöffeln Aceto balsamico und Olivenöl vermengen. Mit Salz und Pfeffer würzen. Den Rucola separat mit je 2 Esslöffeln Essig und Öl sowie Salz und Pfeffer anmachen.

7 In einer Pfanne das restliche Olivenöl erhitzen und darin die Lachsscheiben von jeder Seite 3 Minuten braten. Rucola- und Artischockensalat auf Tellern anrichten. Je 1 Lachsscheibe darauf geben und mit Pinienkernen bestreuen.

Tipp der Köche

Es geht natürlich wesentlich schneller, wenn Sie Artischockenböden aus dem Glas nehmen. Wenn aber gerade Artischockensaison ist, sollten Sie unbedingt die frischen Böden zubereiten. Die Arbeit lohnt sich.

Raffiniertes aus Frankreich

Warmer Kopfsalat mit Lachs

Statt des Kopfsalats können Sie auch frischen Blattspinat verwenden.

Für 4 Portionen

150 g Gravad Lachs (gebeizter Lachs in Scheiben)
1 Kopfsalat
Salz
1 Knoblauchzehe
150 g Sahne
schwarzer Pfeffer
gemahlene Muskatnuss
4 Scheiben Toastbrot

30 Minuten

1 Die Lachsscheiben in feine Streifen schneiden. Den Kopfsalat in einzelne Blätter teilen und waschen, dicke Blattrippen entfernen. Die Blätter kurz in kochendes Salzwasser legen.

2 Den Kopfsalat mit kaltem Wasser abschrecken und abtropfen lassen. Zusätzlich mit den Händen ausdrücken. Den Knoblauch abziehen und fein würfeln.

Wenn Sie abgepackten Lachs kaufen, sollten Sie darauf achten, dass Fleischstruktur und Muskelsegmente klar zu erkennen sind.

3 Die Sahne in einem Topf erhitzen und mit den Knoblauchwürfeln etwa 5 Minuten bei mittlerer Hitze einkochen lassen. Die Kopfsalatblätter etwas kleiner schneiden und in die Sahne rühren. Das Ganze mit Salz, Pfeffer und Muskatnuss würzen.

4 Den warmen Kopfsalat in vier Portionsschalen verteilen, mit etwas Muskatnuss bestäuben und die Lachsstreifen hübsch darauf anrichten. Das Brot toasten und dazu servieren.

Für Gäste

Räucherlachscreme auf Radieschensalat

Für 4 Portionen

300 g Räucherlachs in Scheiben
1 EL Butter
100 ml trockener Weißwein
1/4 l Fischfond (aus dem Glas oder Rezept Seite 32)
300 g Sahne
Salz
frisch gemahlener Pfeffer
1 TL Zitronensaft
2 Blatt weiße Gelatine
5 cl trockener Sherry
1 EL gehackter Dill
2 Bund Radieschen
2 EL Pflanzenöl
2 EL Weißweinessig

50 Minuten
Kühlzeit: 5 Stunden

1 Die Räucherlachsscheiben in Stücke schneiden. In einem Topf die Butter erhitzen und darin den Räucherlachs kurz andünsten. Mit Weißwein und Fischfond aufgießen und etwa 10 Minuten leise kochen. 100 Gramm Sahne zugießen und weitere 10 Minuten einkochen.

2 Den Topfinhalt in eine Schüssel umfüllen, mit Folie abdecken und für 2 Stunden kalt stellen. Dann im Mixer fein pürieren. Mit Salz, Pfeffer und Zitronensaft würzen.

3 Die Gelatine in kaltem Wasser einweichen. Den Sherry erwärmen, die Gelatine fest ausdrücken und im Sherry auflösen. Gut unter die Fischcreme rühren. Nochmals abschmecken. Restliche Sahne schlagen und mit dem Dill unterheben.

4 Die Räucherlachscreme für etwa 3 Stunden kalt stellen. Die Radieschen fein raffeln, mit Salz bestreuen und 10 Minuten stehen lassen. Den Radieschensaft abgießen und die Radieschen mit Öl, Essig, Salz und Pfeffer anmachen.

5 Den Radieschensalat auf vier Teller verteilen. Von der Räucherlachscreme mit einem angefeuchteten Löffel Nocken abstechen und auf den Tellern anrichten.

Raffinierte Kombination: zarte Räucherlachscreme auf pikantem Radieschensalat.

Exotische Gelüste

Marinierter Lachs in Currydressing

Für 4 Portionen

- 1/2 Grapefruit
- 7 EL Pflanzenöl
- 2 EL Currypulver
- 1/2 Zitrone
- 1 EL Sesamöl
- Salz
- 400 g Lachsfilet
- 1 Apfel
- 1 EL Aceto balsamico
- frischer Kerbel zum Garnieren

30 Minuten

Weintipp
Lachs und Champagner – zwei die sich lieben: Zu dieser raffinierten Vorspeise ein Gläschen Champagne Maxim's Brut Prestige genießen.

1 Die Grapefruit auspressen. In einem kleinen Topf 3 Esslöffel Pflanzenöl leicht erwärmen und das Currypulver einrühren. Kurz aufschäumen lassen und mit Grapefruitsaft ablöschen. Den Topf vom Herd ziehen und erkalten lassen.

2 Die Zitrone auspressen. Mit einem Schneebesen 2 Esslöffel Wasser, restliches Pflanzenöl, Sesamöl und Zitronensaft unter das Curryöl schlagen. Das Ganze mit Salz würzen.

3 Das Lachsfilet in sehr dünne Scheiben schneiden. Auf einen großen Teller etwas Currymarinade träufeln.

4 Die Lachsscheiben darauf verteilen und mit restlicher Currymarinade beträufeln. Etwa 5 Minuten stehen lassen.

5 In der Zwischenzeit den Apfel schälen, vom Kerngehäuse befreien und in dünne Stifte schneiden. Mit Aceto balsamico und einer Prise Salz mischen.

6 Die Lachsscheiben auf vier Vorspeisentellern hübsch anrichten und die Apfelstifte darüber streuen. Mit Kerbelblättchen garnieren. Dazu passt ofenfrisches Baguette.

Tipp der Köche

Beim Sesamöl können Sie wählen: entweder das hitzebeständige, helle Sesamöl mit Nussgeschmack oder das dunkle, chinesische, nicht hitzebeständige, das in Asien nur zum Würzen verwendet wird.

Frisch gepresster Zitronensaft ist eine unersätzliche Zutat für die feine Lachsküche.

Häppchen zum Cocktail

Lachspralinen im Mantel

Für etwa 16 Spießchen

350 g Lachsfilet
Salz, frisch gemahlener Pfeffer
Saft von 1/2 Zitrone
16 Basilikumblättchen
16 dünne Scheiben Räucherspeck
2 EL Pflanzenöl
16 Cocktailspießchen zum Servieren
einige Zitronenmelisseblättchen
100 g Vollmilchjoghurt
100 g saure Sahne
1 TL Kaviarpaste aus der Tube

40 Minuten

1 Das Lachsfilet in 16 Würfel schneiden. Mit Salz, Pfeffer und Zitronensaft würzen. Das Basilikum waschen und trockentupfen.

2 Auf je 1 Lachswürfel 1 Basilikumblatt drücken und den Lachs mit Speck fest umwickeln. Die Lachswürfel im heißen Fett kross braten und mit je einem Cocktailspieß fixieren. Auf einer Platte anrichten.

3 Die Melisse in feinste Streifen schneiden. Joghurt mit saurer Sahne und Kaviarpaste verrühren und die Melissestreifen unterheben. Mit Salz und Pfeffer würzen. In Portionsschälchen zum Dippen servieren.

Die Lachspralinen im Speckmantel sind ein Leckerbissen bei jeder Party.

Weintipps

Dazu schmeckt ein italienischer Perlwein Prosecco die Valdobbiadene Val Monte oder ein Costa Longa.

Königliche Süppchen

Die Suppe als solche wird bei uns immer noch als etwas hausbackene Angelegenheit betrachtet. Und dennoch steigt die Zahl der Freunde eines feinen warmen Süppchens, das den Magen so angenehm wärmt und die Vorfreude aufs Hauptgericht vollendet. Das mag auch damit zusammenhängen, dass sich Spitzenköche dieses Gerichts angenommen haben, die es verstehen, gute Regionalküche mit frischesten Zutaten und etwas Raffinement so zu perfektionieren, dass Feinschmecker ins Schwärmen kommen. Und Lachs als Einlage macht feine Suppen zu königlichen Süppchen: als Klößchen in der Erbsensuppe, pochiert in safrangelber Bouillon oder geräuchert mit Brunnenkresse.

Gründlage für Lachskompositionen

Fischconsommé (Grundrezept)

Fischabfälle bekommen Sie beim Fischhändler oder an der Fischtheke im Supermarkt.

Für etwa 2 Liter

- 1 kg weiße Fischabfälle (ohne Köpfe)
- 130 g Zwiebeln
- 130 g Staudensellerie
- 2 Tomaten
- 3 Champignons
- 3 Zweige Thymian
- 1 Zitrone
- 50 g Butter
- 1 TL weiße Pfefferkörner
- 3 Knoblauchzehen
- 1/8 l Wermut (z. B. Noilly Prat)
- 1/4 l trockener Weißwein
- Salz

Ganz frische Thymianblätter haben ein kräftigeres Aroma als gemahlene. Frischer wie getrockneter Thymian verträgt im Gegensatz zu den meisten Kräutern lange Garzeiten.

60 Minuten

1 Die Fischabfälle in kleine Stücke schneiden und in kaltem Wasser so lange spülen, bis das Wasser klar bleibt. In einem Sieb gründlich abtropfen lassen.

2 Die Zwiebeln abziehen. Staudensellerie, Tomaten, Champignons und Thymianzweige waschen und in grobe Stücke schneiden. Die Zitrone schälen und vierteln.

3 In einem größeren Topf die Butter aufschäumen lassen. Das vorbereitete Gemüse, die Thymianzweige, die Pfefferkörner und die ungeschälten Knoblauchzehen darin andünsten. Die Fischabfälle und die Zitronenviertel hinzufügen und das Ganze etwa 5 Minuten weiterdünsten.

4 Den Topfinhalt mit Wermut und Weißwein ablöschen und einige Minuten leise kochen lassen. Dann 2 1/2 Liter kaltes Wasser zugießen, salzen und aufkochen lassen.

5 Den auftretenden Schaum abnehmen, die Hitze zurückdrehen und den Fond etwa 25 Minuten leise kochen lassen. Den Topf vom Herd ziehen und die Brühe etwa 15 Minuten ruhen lassen.

6 Die Brühe durch ein mit einem Tuch ausgelegtes Sieb gießen. Bis zum Gebrauch kalt stellen oder portionsweise einfrieren.

Tipp der Köche

Wenn Sie diese Consommé auf etwa die Hälfte reduzieren – wenn Sie die Brühe also so lange kochen lassen, bis sich die Menge auf etwa 1 Liter verringert hat –, haben Sie einen selbst hergestellten Fischfond. Diesen können Sie in allen Rezepten anstelle des Fertigprodukts aus dem Glas verwenden. Fischfond lässt sich übrigens auch gut einfrieren.

Klassisch

Dillcremesüppchen

Für 4 Portionen
1/2 Bund Dill
2 Schalotten
200 g Räucherlachs
60 g Butter, 1 EL Mehl
100 ml trockener Weißwein
1/2 l Fischfond (aus dem Glas)
Salz, frisch gemahlener Pfeffer
1 Messerspitze gemahlener Safran
1 TL Zitronensaft
1 TL Pernod (Anisschnaps)
250 g Sahne

30 Minuten

1 Den Dill waschen und fein hacken. Die Schalotten abziehen und fein würfeln. Lachs in feine Streifen schneiden. Schalottenwürfel in der heißen Butter glasig dünsten. Mit Mehl bestäuben und mit Weißwein und Fischfond aufgießen.

2 Die Suppe unter Rühren 5 Minuten kochen lassen. Mit Salz, Pfeffer, Safran, Zitronensaft und Pernod würzen. Durch ein Sieb passieren und nochmals aufkochen lassen.

3 Den Lachs auf vier Teller verteilen und mit Dill bestreuen. Sahne schlagen, in die Suppe mixen und diese über den Lachs gießen.

Das schaumige Dillcremesüppchen mit Lachs ist ein idealer Auftakt für ein festliches Menü.

Weintipp
Dazu passt ein ausdrucksvoller weißer Verdicchio dei Castelli di Jesi Classico DOC.

Raffiniert

Gazpacho mit gebratenem Lachs

Für 4 Portionen
Für die Suppe:
250 g Salatgurke
600 g Tomaten
100 g rote Paprikaschote
50 g Zwiebeln
1 Knoblauchzehe
1 Stängel Basilikum
1 Zweig Thymian
100 ml Rotweinessig
100 ml Sonnenblumenöl
200 ml Tomatensaft
200 ml kalte Bouillon
Salz, frisch gemahlener Pfeffer
Für die Einlage:
4 dünne Scheiben Lachsfilet (à ca. 80 g)
Salz, frisch gemahlener Pfeffer
1 EL Butter
1 TL gehackte Petersilie
4 TL gehacktes Basilikum

40 Minuten
Kühlzeit: 2 Stunden

Weintipps
Dazu passt ein gut gekühlter Blanchet genauso wie ein zarter, feinfruchtiger, spritziger Chardonnay Trentino.

Knoblauch verleiht allen südländischen Gerichten, so auch dem Gazpacho mit gebratenem Lachs, ein köstliches Aroma.

1 Die Salatgurke schälen, entkernen und mit den Tomaten in grobe Stücke schneiden. Paprikaschote waschen, entkernen und klein schneiden. Von allen drei Gemüsesorten je 2 Esslöffel fein würfeln und beiseite legen.

2 Zwiebeln und Knoblauch abziehen und klein schneiden. Basilikum und Thymian waschen und trockenschwenken.

3 Die vorbereiteten Zutaten (außer den Kräutern) zusammen mit Essig, Öl, Tomatensaft und Bouillon im Mixer pürieren. Mit Salz und Pfeffer würzen und die Kräuter einlegen. Mit Folie abdecken und für 2 Stunden kalt stellen.

4 Die Lachsscheiben mit Salz und Pfeffer würzen. In einer Pfanne die Butter aufschäumen und den Lachs darin etwa 1 Minute braten. Herausnehmen, kurz abkühlen lassen und in kleine Stücke schneiden.

5 Die gut gekühlte Gazpacho durch ein Sieb passieren. Lachsstücke und Gemüsewürfel auf vier Suppentassen verteilen und die Suppe darauf geben. Mit den Kräutern garnieren.

Tipp der Köche

Eine Gazpacho schmeckt am besten, wenn sie eiskalt serviert wird, am besten in Tassen, die auf einem mit Eiswürfeln gefüllten Teller stehen.

Raffinierte Komposition

Radieschensuppe mit Räucherlachs

Weintipp
Trinken Sie dazu einen zartfruchtigen, biologisch kultivierten Weißwein aus Venetien, einen Bianco San Pietro.

Für 4 Portionen

- 1 großes oder 2 kleine Bund Radieschen mit frischem Grün
- 2 Schalotten
- 140 g kalte Butter
- Salz
- 4 cl trockener Weißwein
- 3/4 l Geflügelbrühe
- 500 g Sahne
- 240 g Räucherlachs
- frisch gemahlener Pfeffer
- etwas Zitronensaft

40 Minuten

1 Die Radieschen putzen und waschen. 4 Radieschen für die Einlage beiseite legen, die restlichen klein schneiden. Das Radieschengrün gründlich waschen und beiseite stellen.

2 Die Schalotten abziehen und fein würfeln. In einem Topf 100 Gramm Butter erhitzen und darin Schalotten und Radieschen andünsten.

3 Die gedünsteten Radieschen salzen und mit Weißwein ablöschen. Dann mit der Geflügelbrühe aufgießen und bei kleiner Hitze etwa 10 Minuten leise kochen lassen.

4 In der Zwischenzeit das Radieschengrün in kochendes Salzwasser geben, aufkochen lassen und sofort in ein Sieb abgießen. Mit kaltem Wasser abschrecken, gut ausdrücken und klein schneiden.

5 Die Sahne in die Radieschensuppe gießen und 1-mal aufkochen lassen. Zuletzt das Radieschengrün einrühren und nochmals aufkochen lassen.

6 Für die Einlage die beiseite gelegten Radieschen in Streifen oder Scheibchen schneiden. Den Räucherlachs in dünne Streifen schneiden.

7 Mit dem Pürierstab 40 Gramm kalte Butter unter die Radieschensuppe schlagen.

8 Die Suppe mit Salz, Pfeffer und Zitronensaft würzen. Mit den Radieschen und dem Räucherlachs in vorgewärmten Suppentassen oder -tellern anrichten.

Radieschen sind die kleinen Verwandten des Rettichs, aber nicht so scharf wie dieser. Sie können roh geknabbert oder für warme Speisen verwendet werden.

Tipps der Köche

Verwenden Sie zur Abwechslung auch einmal frisch geraspelten Rettich zum Garnieren. Oder reichen Sie – ganz japanisch – etwas grünen Meerrettich, Wasabi, dazu.

Sommerliche Frische

Kalte Gurkensuppe mit Lachs

Für 4 Portionen

1 Bund frischer Dill
600 g Salatgurke
Salz
100 g Vollmilchjoghurt
2 EL saure Sahne
100 g süße Sahne
frisch gemahlener Pfeffer
etwas Zitronensaft
4 Scheiben Lachsfilet (à ca. 50 g)

40 Minuten

1 Den Dill waschen, trockenschwenken, von dicken Stielen befreien und fein hacken. Die Salatgurke waschen, schälen und in Würfel schneiden. 4 Esslöffel davon für die Einlage beiseite legen, den Rest salzen.

2 Gurkenstücke mit Joghurt, saurer und süßer Sahne cremig rühren und mit einem Mixstab pürieren. Mit Salz, Pfeffer und Zitronensaft abschmecken und 2/3 vom Dill unterheben.

3 Die Lachsscheiben in etwa 1/4 Liter kochendes Salzwasser legen und etwa 1/2 Minute pochieren. Je 1 Scheibe Lachs in einen Suppenteller legen und mit der kalten Suppe anrichten. Mit den beiseite gelegten Gurkenstückchen und dem restlichen Dill garnieren.

Weintipps

Dazu genießt man einen duftigen, sehr gut gekühlten Soave Classico Superiore DOC von Sandro Gini.

Salatgurken schmecken aufgrund ihres hohen Wassergehalts herrlich erfrischend und sind ideal für die schlanke Linie.

Tipps der Köche

Verwenden Sie für die Garnierung auch einmal klein geschnittene, in Olivenöl eingelegte getrocknete Tomaten. Oder servieren Sie gebratene eingelegte Gemüse und Baguette zur Suppe.

Raffinierte Kombination

Erbsensuppe mit Lachsklößchen

Weintipp
Fragen Sie bei Ihrem Weinhändler nach einem Chardonnay aus Australien oder Südafrika.

Für 4 Portionen
Für die Erbsensuppe:
400 g Erbsen (tiefgekühlt)
2 Schalotten
1 Bund Petersilie
100 g kalte Butter
400 ml Geflügelbrühe
400 g Sahne
Salz, schwarzer Pfeffer
gemahlene Muskatnuss
1 Messerspitze gekörnte Brühe
Für die Lachsklößchen:
100 g Lachsfilet
Salz, 1 Ei
100 g Sahne
Pfeffer, gemahlene Muskatnuss

40 Minuten

Wenn Erbsen gerade Saison haben, sollten Sie sie unbedingt frisch verwenden, ansonsten können Sie auf Tiefkühlware zurückgreifen. Diese ist Konservengemüse in jedem Fall vorzuziehen.

1 Erbsen auftauen lassen. Schalotten abziehen und fein würfeln. Petersilienblättchen von den Stielen zupfen. Die Hälfte der Butter erhitzen und darin die Schalotten andünsten. Erbsen und Petersilie einige Minuten mitdünsten und mit Brühe aufgießen. Nach 5 Minuten die Sahne zufügen und 10 Minuten kochen.

2 Restliche Butter mit einem Pürierstab untermixen. Mit Salz, Pfeffer, Muskatnuss und gekörnter Brühe würzen. Durch ein Sieb streichen und nochmals erhitzen.

3 Den Lachs klein schneiden und für 10 Minuten in den Tiefkühler stellen. Dann mit Salz und Ei im Mixer pürieren. Die Sahne langsam dazugießen, bis eine gleichmäßige Creme entstanden ist. Mit Salz, Pfeffer und Muskatnuss abschmecken.

4 Mit zwei angefeuchteten Teelöffeln Klößchen abstechen und in kochendem Salzwasser 5 Minuten ziehen lassen. Die Erbsensuppe in vorgewärmte Teller verteilen. Mit den Klößchen servieren.

Sommerliche Erfrischung

Geeiste Tomaten mit Lachs

Für 4 Portionen
1 kg reife Tomaten
Salz, frisch gemahlener Pfeffer
1 EL Rotweinessig
2 EL Olivenöl
300 g Lachssteak
(ohne Haut und Gräten)
Butter für die Alufolie
4 große Champignons
etwas Zitronensaft
einige frische Basilikumblättchen

40 Minuten
Kühlzeit: 60 Minuten

1 Die Tomaten kurz mit kochend heißem Wasser überbrühen, häuten, entkernen, das Fruchtfleisch grob zerkleinern und im Mixer fein pürieren. Mit Salz, Pfeffer, Rotweinessig und Olivenöl würzen. Das Tomatenmus mit Frischhaltefolie abdecken und für 1 Stunde in den Kühlschrank stellen.

2 Das Lachssteak mit Salz und Pfeffer würzen und die beiden dünnen Enden der Scheibe so umklappen, dass eine Rolle entsteht. Ein großes Stück Alufolie mit Butter bestreichen und den Lachs darin fest einwickeln. In einem Dampfkochtopf Wasser aufkochen.

3 Den Lachs auf den Dämpfeinsatz legen und knapp 15 Minuten dämpfen. In der Zwischenzeit die Champignons putzen und fein blättrig schneiden. Mit Salz, Pfeffer und Zitronensaft würzen.

4 Den Lachs aus dem Dämpfeinsatz nehmen und etwa 5 Minuten ruhen lassen. Die Tomatensuppe nochmals gut durchrühren und abschmecken. Auf vier gekühlte Teller verteilen.

5 Den Lachs in Scheiben schneiden und auf der Suppe anrichten. Mit Champignonblättchen und Basilikum garnieren. Dazu passt toskanisches Ciabattabrot.

Der Name verrät alles: geeiste Tomaten mit Lachs.

Weintipp

Servieren Sie dazu einen Pinot Bianco DOC Collio aus dem Friaul.

Ein feines Süppchen

Brunnenkressesuppe mit Lachs

Weintipp

Dazu empfehlen wir einen gut gekühlten, trockenen Riesling Spätlese Geheimrat »J« aus dem Rheingau.

Für 4 Portionen

- 1 Bund Brunnenkresse (etwa 400 g)
- 1 Schale Gartenkresse
- 200 g Räucherlachs
- Salz
- 1 Schalotte
- 1/2 Knoblauchzehe
- 90 g Butter
- 2 EL Mehl
- 1/2 l Brühe
- 400 g Sahne
- frisch gemahlener Pfeffer
- 1 TL gekörnte Brühe

Für die Garnitur:

- 4 EL Croûtons (in Butter gebratene Weißbrotwürfel, siehe Tipp)

Brunnenkresse war schon in der Antike als Heilpflanze bekannt: Sie wirkt appetitanregend, darmreinigend und harntreibend. Zusammen mit Gartenkresse und Räucherlachs ergibt sie eine köstliche Suppe.

45 Minuten

1 Die Brunnenkresse waschen, Blättchen von den Stielen zupfen, dabei einige für die Garnitur zurückbehalten. Die Gartenkresse aus der Schale schneiden und waschen. Räucherlachs in feine Streifen schneiden.

2 Beide Kressesorten kurz in kochendem Salzwasser blanchieren, in ein Sieb abgießen und kalt abschrecken. Abtropfen lassen und fest ausdrücken. Die Schalotte und den Knoblauch abziehen und fein würfeln. 30 Gramm Butter in einem Topf erhitzen und darin Schalotten- und Knoblauchwürfel andünsten.

3 Mit Mehl bestäuben und kurz durchrühren. Kresse hinzufügen und mit Brühe aufgießen. Unter ständigem Rühren einige Minuten kochen und dabei die Sahne zugießen.

4 Die Suppe mit Salz, Pfeffer und gekörnter Brühe würzen. Im Mixer pürieren, dabei die restliche sehr kalte Butter zugeben.

5 Die Räucherlachsstreifen auf vorgewärmte, tiefe Teller verteilen und mit Suppe aufgießen. Mit Croûtons und Kresseblättern garnieren.

Tipp der Köche

Für die Croûtons Weißbrotscheiben entrinden und in 1/2 Zentimeter große Würfel schneiden. Butter aufschäumen lassen und die Brotwürfel darin knusprig braten – fertig sind die Croûtons. Je nach Verwendung der Croûtons würzen: entweder mit Salz, Pfeffer und Knoblauch oder mit frischen Kräutern.

Raffiniert einfach

Perlgraupensuppe mit Räucherlachs

Weintipps

Genießen Sie dazu einen 1998er Chateau de Brizay Haut-Poitou A.C. mit feinherbem Fruchtaroma oder auch einen trockenen Müller-Thurgau Jh. von Steren.

Für 4 Portionen

80 g Perlgraupen
1/2 Bund glatte Petersilie
1/4 Bund Suppengrün
1 kleine Zwiebel
50 g Butter
100 ml Weißwein
1 l Fleisch- oder Gemüsebrühe
Salz, frisch gemahlener Pfeffer
150 g Räucherlachs

60 Minuten

1 Die Perlgraupen mit Wasser begießen und etwa 15 Minuten einweichen. Die Petersilie waschen, trockenschwenken, Blättchen von den Stielen zupfen und fein hacken.

Wenn Sie etwas Zeit sparen möchten, können Sie statt frischem auch tiefgekühltes Suppengrün verwenden.

2 Das Suppengrün waschen, putzen und in sehr feine Würfel schneiden. Die Zwiebel abziehen und fein würfeln.

3 In einem Topf die Butter erhitzen und darin das Gemüse andünsten. Die Perlgraupen in ein Sieb gießen, abtropfen lassen und in den Topf rühren.

4 Das Gemüse mit Weißwein ablöschen und mit Brühe aufgießen. Aufkochen und bei mittlerer Hitze etwa 40 Minuten kochen lassen. Mit Salz und Pfeffer würzen. Räucherlachs in dünne Streifen schneiden.

5 Die Suppe abschmecken und die Petersilie unterrühren. Die Räucherlachsstreifen auf vier vorgewärmte Teller verteilen und mit Suppe begießen. Servieren Sie zusätzlich Croûtons dazu (siehe Seite 40).

Tipp der Köche

Einen exotischen Geschmack verleihen Sie der Suppe, indem Sie die Zwiebel durch Frühlingszwiebeln und 1 Knoblauchzehe ersetzen und die Petersilie durch Koriandergrün. Würzen Sie zusätzlich mit Kurkuma, und streuen Sie vor dem Servieren gehacktes Zitronengras darüber.

Raffinierte Komposition

Gemüse- und Lachsstreifen in Safranbouillon

Für 4 Portionen

1 kleine Fenchelknolle
1 kleine Stange Lauch
1 kleine Möhre
1 kleine Zucchini
1 kleine Zwiebel
2 Stangen Staudensellerie
2 Tomaten
300 g Lachsfilet
100 g Butter
Salz
einige Safranfäden oder etwas gemahlener Safran
4 cl trockener Weißwein
800 ml Fischconsommé (Seite 32)
etwas gekörnte Brühe
etwas Zitronensaft

40 Minuten

1 Den Fenchel putzen, vierteln, vom Strunk befreien und waschen; das Fenchelgrün beiseite legen. Die Viertel der Länge nach in dünne Streifen schneiden.

2 Den Lauch putzen, der Länge nach durchschneiden und zwischen den Blattschichten waschen. Die Möhre schälen, die Zucchini waschen und putzen und beides in dünne Stifte schneiden.

3 Die Zwiebel abziehen und halbieren. Den Staudensellerie waschen, putzen und beides in dünne Streifen schneiden.

4 Die Tomaten mit kochend heißem Wasser überbrühen, häuten, entkernen und in dünne Streifen schneiden. Den Lachs in etwa 1/2 Zentimeter breite Streifen schneiden.

5 In einem Topf die Butter erhitzen und darin alle Gemüsestreifen, außer den Tomaten, andünsten. Mit Salz und Safran würzen. Das Gemüse mit Weißwein ablöschen und mit der Fischbrühe auffüllen.

6 Die Suppe aufkochen und bei kleiner Hitze etwa 10 Minuten garen. Mit gekörnter Brühe, Zitronensaft und Salz abschmecken.

7 Die Lachsstreifen in die Suppe legen und 1 Minute ziehen lassen. Die Tomatenstreifen sowie das Fenchelgrün einrühren und die Suppe sofort servieren. Dazu passt am besten simples Knoblauchbaguette.

Weintipp
Dazu würden wir einen Weißwein aus Kampanien, einen Falanghina Feudi di San Gregorio, servieren.

Safran ist eines der teuersten Gewürze der Welt, da seine Gewinnung sehr aufwändig ist. Die Safranfäden sind Blütennarben, die von Hand gepflückt und dann getrocknet werden.

Raffinierte Zwischen-gerichte

Bei der klassischen üppigen Speisenfolge wurden nach dem Fisch- und dem pikanten Fleischgang und vor dem gebratenen Fleisch mit Gemüse ein oder gar zwei Zwischengerichte serviert. Uns bereitet heute allein der Gedanke an derartige Völlerei Magendrücken. Wir setzen Zwischengerichte heute nach persönlichem Geschmack ein: mit einer Vorspeise und/oder mit Dessert als kleines Menü, solo als feinen Imbiss oder an Festtagen im Fünf-Gänge-Menü. Für alle diese Anlässe können Sie nichts besseres tun, als auf Lachs als Hauptzutat zurückzugreifen: Er ist unglaublich anpassungsfähig und harmoniert mit Gnocchi, passt auf die Pizza und in die Spaghettisauce und wird zu feinen Timbales verarbeitet.

Französisch inspiriert

Gefüllter Lachs mit Gemüsemousseline

Weintipp
Zu diesem Festmahl passt hervorragend ein Taitinger Rosé-Champagner.

Für 4 Portionen

Für die Fischfarce:
- 100 g Lachsfilet
- 100 g weißes Fischfilet
- 200 g Sahne
- 2 Eiweiß
- 1/2 Bund Schnittlauch
- Salz, frisch gemahlener Pfeffer
- 3 EL Olivenöl für die Form
- 700 g Lachsfilet mit eingeschnittener Tasche

Für die Gemüsemousseline:
- 200 g Gemüse (Möhren, Zucchini und Lauch)
- 2 Eier
- 100 g Sahne
- Salz, frisch gemahlener Pfeffer
- 1 Messerspitze frisch gemahlene Muskatnuss
- 1 EL Butter für die Förmchen

80 Minuten

Die Gemüsemousseline bekommt durch die Möhren einen schönen Farbton. Der gefüllte Lachs passt dazu hervorragend.

1 Für die Fischfarce beide Fischfilets klein hacken. Mit Sahne und Eiweiß im Mixer pürieren. Schnittlauch waschen und in Röllchen schneiden. Mit Salz und Pfeffer zur Fischfarce geben. Bis zum Gebrauch kalt stellen.

2 Den Backofen auf 180 °C (Umluft 160 °C, Gas Stufe 2–3) vorheizen und eine größere Auflaufform mit Olivenöl ausstreichen.

3 Für die Gemüsemousseline das Gemüse waschen, putzen und würfeln; im Mixer fein pürieren. Eier und Sahne unterschlagen. Mit Salz, Pfeffer und Muskatnuss würzen.

4 Vier Metall- oder Porzellanförmchen mit Butter ausstreichen und das Gemüsepüree bis etwa 1 Zentimeter unter dem Rand einfüllen. In eine Auflaufform mit kochendem Wasser stellen und diese in den Backofen schieben. Die Gemüsemousseline etwa 40 Minuten garen.

5 Das Lachsfilet mit der Fischfarce füllen und in die Auflaufform legen. Mit Olivenöl bepinseln und in den vorgeheizten Ofen schieben. In etwa 20 Minuten garen.

6 Die Gemüsemousseline aus dem Wasserbad nehmen und stürzen. Das gefüllte Lachsfilet aus dem Ofen nehmen, kurz ruhen lassen, in vier Portionen schneiden und mit der Mousseline servieren.

Tipp der Köche

Dieses tolle Gericht eignet sich auch als leichtes und feines Hauptgericht.

Herrlich leicht

Lachs und Gemüse in der Folie

Für 4 Portionen
400 g Gemüse
(Lauch, Knollensellerie und Möhren)
30 g Butter
Salz, frisch gemahlener Pfeffer
Butter zum Bestreichen
1/2 Bund gemischte Kräuter
4 große Champignonköpfe
4 Scheiben Lachsfilet (à ca. 50 g)
Meersalz
2 cl Wermut (Noilly Prat)
4 cl trockener Weißwein
25 g Kräuterbutter (1 Portionsstück)

40 Minuten

Weintipp
Einen grünen oder roten Veltliner aus Österreich dazu servieren.

1 Den Lauch der Länge nach halbieren, zwischen den Blattschichten waschen und in feine Streifen schneiden. Sellerie und Möhren waschen, schälen und – in der Größe wie die Lauchstreifen – in Stifte schneiden.

Gemischte Kräuter gibt es häufig als Zusammenstellung für Frankfurter Grüne Sauce zu kaufen.

2 In einer Pfanne die Butter erhitzen und darin die Gemüsestreifen in 3 bis 4 Minuten bissfest dünsten. Mit Salz und Pfeffer würzen.

3 Den Backofen auf 180 °C (Umluft 160 °C, Gas Stufe 2–3) vorheizen. 4 Alufolienstücke von etwa 30 mal 30 Zentimeter Größe mit Butter bestreichen. Die Kräuter waschen und fein hacken. Die Champignons häuten und fein blättrig schneiden. Den Lachs mit Meersalz und Pfeffer würzen.

4 Die Gemüsestreifen jeweils in die Mitte der Alufolienstücke setzen. Darauf die Lachsstücke legen und mit Wermut und Weißwein beträufeln. Mit Kräutern bestreuen und mit Champignonscheiben abdecken. Die Kräuterbutter in Flöckchen darauf setzen.

5 Die Ränder der Alufolie jeweils nach oben ziehen und die Päckchen verschließen. Auf ein Backblech oder einen Gitterrost setzen, in den vorgeheizten Ofen schieben und etwa 20 Minuten garen.

Tipp der Köche

Die Portionen für Zwischengerichte sind eher zurückhaltend berechnet, da es ja – wie der Name schon sagt – davor und danach noch etwas zu essen gibt. Wollen Sie dieses Rezept als Hauptgericht servieren, müssen Sie die Mengen in etwa verdoppeln.

Köstlich und schnell

Spaghetti mit Lachs-Zitronen-Sahne

Für 4 Portionen
200 g Spaghetti
Salz
1/2 Bund glatte Petersilie
200 g Lachsfilet
1/2 Zitrone
frisch gemahlener Pfeffer
100 g Sahne
etwas abgeriebene Zitronenschale
2 cl Wermut (Noilly Prat)
2 EL Kräuter-Crème-fraîche

30 Minuten

1 Spaghetti in Salzwasser bissfest kochen. Petersilie waschen und fein hacken. Lachs in dünne Streifen schneiden. Die Zitrone auspressen und den Lachs mit Salz, Pfeffer und Zitronensaft würzen.

2 Sahne mit Zitronenschale aufkochen, Wermut und Crème fraîche einrühren. Leise kochen lassen. Lachsstreifen und Petersilie in die Sahne rühren und einige Minuten ziehen lassen. Nochmals abschmecken.

3 In einer vorgewärmten Schüssel Spaghetti mit der Lachssahne mischen und sofort servieren.

Ein Muss für Pasta- und Lachsfans: Spaghetti mit Lachs-Zitronen-Sahne.

Weintipp
Dazu würden wir einen frischen, trockenen, leichten Frizzante aus der Toskana trinken – z. B. den Bianco frizzante, Rocca delle Macie.

Weintipp

Zu diesem italienisch inspirierten Gericht servieren wir einen Clarius-Chardonnay Spumante Brut aus dem Trentino.

Aceto balsamico oder Balsamessig ist ein berühmter italienischer Essig, der jahrelang in Holzfässern reift und nur noch wenig Säure enthält.

Raffiniert

Risotto mit Radicchio und Lachs

Für 4 Portionen

1 Schalotte
8 EL Olivenöl
160 g Risottoreis (Arborio)
4 cl Weißwein
3/4 l heiße Brühe
Salz, gekörnte Brühe
1 kleiner Kopf Radicchio
2 EL Rotwein
2 EL Aceto balsamico
200 g Sahne
frisch gemahlener Pfeffer
4 Scheiben Lachs (à 80 g)
40 g frisch geriebener Parmesan
50 g Butter
1 EL gehackte Petersilie
einige Rucolablätter zum Garnieren

40 Minuten

1 Die Schalotte abziehen und fein würfeln. In der Hälfte des Olivenöls andünsten, Reis einstreuen und glasig dünsten.

2 Mit Weißwein ablöschen und mit 1/3 der heißen Brühe aufgießen. Mit Salz und gekörnter Brühe würzen und häufig umrühren. Sobald der Reis die Flüssigkeit aufgenommen hat, wieder Brühe nachgießen und rühren, bis die Reiskörner gar sind, aber noch Biss haben.

3 In der Zwischenzeit den Radicchio putzen, waschen und in dünne Streifen schneiden. Das restliche Olivenöl erhitzen und die Radicchiostreifen darin schwenken.

4 Den Radicchio mit Rotwein und Aceto balsamico ablöschen und kurz einkochen lassen. Sahne zugießen und aufkochen lassen. Salzen, pfeffern und 5 Minuten dünsten.

5 Die Lachsscheiben salzen und pfeffern und auf den Radicchio legen. Etwa 5 Minuten dämpfen, dann auf einem Teller warm stellen.

6 Den Radicchio vorsichtig unter den Risotto mischen. Mit Parmesan, Butter und Petersilie verfeinern. Auf Tellern anrichten, Lachsstücke darauf legen und mit Rucola garnieren.

Auch ein optischer Genuss

Lachstimbale mit Sauerampfersauce

Für 4 Portionen

250 g Lachsfilet
Salz
1 Ei
250 g Sahne
Pfeffer, Cayennepfeffer
etwas Zitronensaft
1 TL Möhrensaft
4 größere Champignonköpfe
60 g Butter
200 ml Fischrahmsauce (Seite 66)
1 TL gemischte, gehackte Kräuter
200 g Sauerampfer

70 Minuten

1 Das Lachsfleisch in kleine Würfel schneiden und für 30 Minuten in das Gefrierfach stellen. Anschließend salzen und im Mixer zerkleinern.

2 Das Lachsfleisch mit dem Ei verrühren und nochmals pürieren. Dabei die Hälfte der Sahne zugeben. Die Lachsfarce in eine Metallschüssel füllen und diese auf Eiswürfel stellen.

3 Unter ständigem Rühren die restliche Sahne unterrühren. Mit Salz, Pfeffer, Cayennepfeffer und Zitronensaft würzen und mit Möhrensaft rötlich einfärben. Die Schüssel mit Folie abdecken und in den Kühlschrank stellen.

4 Die Champignons putzen und klein würfeln. In einer Pfanne etwa 20 Gramm Butter erhitzen und darin die Champignons andünsten. Mit 50 Milliliter Fischsauce aufgießen und die Kräuter einrühren. Etwa 5 Minuten einkochen lassen, vom Herd ziehen und abkühlen lassen.

5 Den Backofen auf 180 °C (Umluft 160 °C, Gas Stufe 2–3) vorheizen und vier feuerfeste Förmchen mit etwa 8 Zentimeter Durchmesser mit Butter ausstreichen. In einem Bräter etwas Wasser aufkochen. Die Lachsfarce in die Förmchen geben, je eine Vertiefung eindrücken und die Champignons einfüllen. Mit restlicher Fischfarce glatt streichen und mit gebuttertem Pergamentpapier bedecken.

6 Die Förmchen in den Bräter stellen, das Wasser soll bis etwa ein Finger breit unter den Rand der Förmchen reichen. Die Lachstimbale etwa 20 Minuten im Ofen garen.

7 Sauerampfer ebenfalls waschen und in Streifen schneiden. Die Lachstimbale aus dem Wasserbad nehmen und kurz abkühlen lassen.

8 Die restliche Fischsauce aufkochen und kurz vor dem Servieren die Sauerampferstreifen untermengen. Die Lachstimbale auf vorgewärmte Teller stürzen und mit der Sauerampfersauce überziehen.

Tipp der Köche

Perfekt wäre dazu gekochter Wildreis mit Gemüsestreifen aus Möhren, Lauch und Sellerie. Aber auch Duftreis oder roter Reis mit Basmati passen hervorragend.

Weintipp

Dazu passt ein duftiger, exzellenter Roséwein aus biologischem Anbau wie der Bardolino Chiaretto Classico DOC aus Venetien.

Sauerampfer ist mit Rhabarber verwandt und hat einen ähnlich herben, sauren Geschmack. Damit sein Aroma erhalten bleibt, sollte er warmen Speisen erst kurz vor Ende der Garzeit zugegeben werden.

Bella Italia auf dem Teller

Ravioli mit Lachs und Spinat

Weintipps
Trinken Sie dazu einen weißen gut gekühlten Bianco della Lega oder einen Vino da Tavola aus der Toskana.

Für 6 Portionen
Für den Nudelteig:
200 g Mehl
100 g Grieß
2 Eier
3 Eigelbe
50 ml Olivenöl
Für die Füllung:
600 g frische Spinatblätter
600 g Lachsfilet
Salz, frisch gemahlener Pfeffer
30 g Butter
Mehl zum Auswellen
1 Eigelb zum Bestreichen
6 EL Olivenöl
geriebener Parmesan zum Servieren

80 Minuten
Ruhezeit: 1 Stunde

1 Aus Mehl, Grieß, Eiern, Eigelben, Olivenöl und 50 Milliliter Wasser einen glatten Teig kneten. Zu einer Kugel formen, in Klarsichtfolie hüllen und für 1 Stunde in den Kühlschrank stellen.

2 Spinat waschen und in kochendem Wasser blanchieren. Abgießen, mit kaltem Wasser abschrecken und mit den Händen fest ausdrücken. Die Hälfte davon klein hacken.

3 Die Hälfte des Fischfilets in 6 dünne Portionsscheiben schneiden. Den Rest fein würfeln. Beides mit Salz und Pfeffer würzen.

4 Den gehackten Spinat in der heißen Butter andünsten. Salzen, pfeffern und auskühlen lassen.

5 Den gewürfelten, rohen Lachs unter den gedünsteten Spinat mischen; nochmals abschmecken. Den Nudelteig in 2 Portionen teilen und auf einer bemehlten Fläche nacheinander dünn auswellen.

6 Auf die erste Teigbahn im Abstand von 3 Zentimeter mit einem Teelöffel Häufchen der Spinat-Lachs-Mischung geben. Eigelb mit 2 Esslöffeln Wasser verquirlen, Teigränder damit bestreichen.

7 Die zweite Teigbahn auf die erste legen und mit einem Teigrädchen quadratische Täschchen ausschneiden. Bei jeder Teigtasche die Ränder fest zusammendrücken.

8 Die Ravioli portionsweise in kochendes Salzwasser mit 1 Esslöffel Olivenöl geben. In etwa 5 Minuten gar ziehen lassen.

9 In der Zwischenzeit den übrigen Spinat in 2 Esslöffeln Olivenöl schwenken. Mit Salz und Pfeffer würzen. Restliches Olivenöl erhitzen und darin die Lachsscheiben auf jeder Seite kurz braten.

10 Die Ravioli mit einem Schaumlöffel aus dem Wasser heben. Zusammen mit dem Spinat und den Lachsscheiben auf sechs vorgewärmten Tellern hübsch anrichten. Parmesan separat dazu reichen.

Lachs und Spinat passen hervorragend zusammen. Die Ravioli mit Lachs und Spinat sind dafür der Beweis.

Indisch gewürzt

Lachscurry mit Garnelen

In der indischen Küche sind Ghee und Garam Masala unabdingbar. Ghee ist reines Butterfett ohne Milchrückstände. Man kann es selbst herstellen, indem man Butter erhitzt und durch einen Papierfilter gießt. Garam Masala ist eine indische Gewürzmischung aus Kreuzkümmelsamen, Koriandersamen, Pfeffer, Nelken, Muskatnuss und Zimt.

Für 4 Portionen

200 g thailändischer Duftreis, Salz
1 Zwiebel
2 Knoblauchzehen
1 Stück frischer Ingwer (1 cm lang)
1 frische Chilischote
250 g Lachsfilet
100 g geschälte Garnelen
frisch gemahlener Pfeffer
Saft von 1/2 Limette oder Zitrone
60 g Ghee oder Butterschmalz
1/2 TL gemahlener Kurkuma
1/2 l Kokosmilch
1/2 TL Garam Masala

40 Minuten

1 Den Reis in genügend Salzwasser etwa 18 Minuten garen. Zwiebel und Knoblauchzehen abziehen und fein würfeln. Ingwer schälen und fein würfeln. Chilischote entkernen und fein würfeln.

2 Das Lachsfilet in 1/2 Zentimeter große Würfel schneiden und mit den Garnelen mit Salz, Pfeffer und Limettensaft würzen.

3 Den Reis abgießen und kalt abbrausen. Die Hälfte des Ghee erhitzen. Zwiebel, Knoblauch, Ingwer und Chili darin andünsten.

4 Mit Kurkuma bestäuben, mit Kokosmilch aufgießen und nach dem ersten Aufkochen die Hitze zurücknehmen. Salzen und pfeffern.

5 Lachs und Garnelen einlegen und 5 bis 7 Minuten ziehen lassen. Restliches Ghee erhitzen, Garam Masala unterrühren und den Reis darin schwenken. Den Reis mit dem Curry überziehen.

Frische Garnelen sollten Sie möglichst sofort verwenden, da sie leicht verderben.

Gruß aus Italien

Kartoffelgnocchi mit Lachs

Für 4 Portionen

250 g mehlig kochende Kartoffeln
Salz, 80 g Mehl
30 g Hartweizengrieß
30 g Speisestärke
1 Ei, Pfeffer, Muskatnuss
Mehl für die Arbeitsfläche
7 EL Olivenöl
1 Bund Salbei
4 kleine Tomaten
300 g Lachsfilet
60 g Butter

70 Minuten

1 Kartoffeln schälen, in Salzwasser garen und durch eine Presse drücken. Mit Mehl, Grieß, Stärke und Ei verkneten. Mit Salz, Pfeffer und Muskatnuss würzen. Zu einer Rolle formen und kleine Stücke abschneiden.

2 Diese zu Kugeln drehen und mit einer Gabel etwas flach drücken. In kochendem Salzwasser mit etwas Öl ziehen lassen, bis die Gnocchi auf der Oberfläche schwimmen. Herausnehmen, abschrecken, abtropfen lassen und mit etwas Öl vermischen.

3 Den Salbei waschen, einige Blättchen zur Seite legen, den Rest in Streifen schneiden. Die Tomaten häuten, entkernen und in Streifen schneiden. Den Lachs in 8 Scheibchen schneiden und mit Salz und Pfeffer würzen.

4 Die Gnocchi in 3 Esslöffel heißem Öl schwenken. Die Tomaten zufügen und alles salzen und pfeffern.

5 In einer zweiten Pfanne 2 Esslöffel Öl erhitzen und den Lachs auf jeder Seite 1 Minute braten. Die Butter in einem kleinen Topf erhitzen und den Salbei einlegen. Die Gnocchi mit je 2 Lachsscheibchen auf Teller legen. Mit Salbeibutter beträufeln und mit den Salbeiblättern garnieren.

Das schmeckt nach Urlaub: Kartoffelgnocchi mit Lachs.

Weintipp

Einen fruchtigen weißen, gut gekühlten Bordeaux Blanc A.C. 1998er Domaine Cheval Blanc Signé dazu genießen.

Imbiss zum Wein

Lachspizza mit Rucola

Getränketipps
Einen guten Chianti-wein aus der Toskana oder ein Bier dazu servieren.

Für 1 Backblech/8 Portionen

Für den Hefeteig:
- 500 g Mehl
- 1 Würfel Hefe (42 g)
- 1 TL Zucker
- 1 TL Salz
- Mehl für die Arbeitsfläche
- Olivenöl für das Backblech

Für den Belag:
- 1 große Zwiebel
- 1/2 Bund Dill und Petersilie gemischt
- 300 g Lachsfilet
- 1/2 Zitrone
- Salz, frisch gemahlener Pfeffer
- 1 Bund Rucola
- 200 g Mozzarella
- 200 ml Tomatenstückchen (aus dem Päckchen)
- 250 g geschälte Krabben
- 4 EL Olivenöl

110 Minuten

1 Mehl in eine Schüssel sieben, in die Mitte eine Mulde drücken. Die Hefe zerbröseln und mit dem Zucker in die Mulde geben. Mit 250 Milliliter lauwarmem Wasser und etwas Mehl verrühren, mit einem Tuch abdecken. Den Vorteig 20 Minuten ruhen lassen.

2 In der Zwischenzeit die Zwiebel abziehen, halbieren und in Streifen schneiden. Die Kräuter waschen, trockenschwenken, Blättchen von den Stielen zupfen und fein hacken.

Die Lachspizza mit Rucola ist eine tolle Pizzavariante für alle Feinschmecker.

3 Den Vorteig mit restlichem Mehl und Salz verkneten. Zu einer Kugel formen, abdecken und 30 Minuten ruhen lassen.

4 Den Lachs in dünne Scheiben schneiden. Die Zitrone auspressen und den Lachs mit Salz, Pfeffer und Zitronensaft würzen. Rucola waschen und eventuell zerkleinern. Den Mozzarella in dünne Scheiben schneiden.

5 Den Backofen auf 220 °C (Umluft 200 °C, Gas Stufe 4–5) vorheizen und ein Backblech mit Olivenöl einfetten. Den Hefeteig auf einer bemehlten Arbeitsfläche gut durchkneten und in Backblechgröße auswellen.

6 Das Backblech mit Hefeteig auskleiden und die Teigoberfläche mit einer Gabel mehrmals einstechen. Tomatenstücke mit Zwiebelstreifen und Kräutern verrühren und auf der Teigfläche verstreichen. Die Krabben darüber streuen und das Ganze mit Salz und Pfeffer würzen.

7 Die Pizza gleichmäßig mit den Lachsscheiben belegen und mit etwas Olivenöl beträufeln. Den Käse darauf verteilen und restliches Olivenöl darüber träufeln. In den Ofen schieben und etwa 20 Minuten backen.

8 Die Pizza aus dem Ofen nehmen und in 8 oder 16 Stücke schneiden. Auf Teller verteilen und mit Rucola belegen.

Die Haupt-darsteller

Hier spielt Lachs die Hauptrolle: gebraten mit Salat, pochiert mit zarter Fenchelsauce oder raffiniert geschichtet mit Gemüse. Indisch mit Curry, auf Chinaart mit Spargel oder Sprossen oder in der Paella, zur Ratatouille oder gar als Fondue für die gemütliche Runde – Lachsfreunde kommen bei diesem Kapitel voll auf ihre Kosten. Und – keine Sorge: Der Aufwand für die Zubereitung reicht von einfach und schnell über einfach und länger dauernd bis zu etwas aufwändiger. Unsere Rezepte sind nicht nur für den Küchenprofi geschrieben, sondern sie sind machbar für jede/n, der/die Spaß am Kochen und vor allem Lust am Genießen hat.

Bodenständige Kombination

Gebratener Lachs mit Salaten

Weintipp
Dazu passt ein weißer, gut gekühlter Est! Est!! Est!!! Di Montefiascone mit fruchtigem Aroma.

Für 4 Portionen
4 Scheiben Lachs mit Haut (à ca. 70 g)
Salz, frisch gemahlener Pfeffer
1 TL Zitronensaft
3 EL Sonnenblumenöl

Für den Kartoffelsalat:
5 mittelgroße Kartoffeln
Salz
1 TL Kümmel
1 Schalotte
250 ml Bouillon
1 TL gekörnte Brühe
1 TL scharfer Senf
4 EL Rotweinessig
4 EL Sonnenblumenöl
frisch gemahlener Pfeffer
1 EL gehackter Zitronenthymian

Für den Gurken-Radieschen-Salat:
1 kleine Salatgurke
8–10 Radieschen
etwas Gartenkresse
Salz, frisch gemahlener Pfeffer
2 EL Rotweinessig
2 EL Sonnenblumenöl

50 Minuten

Um Vitamine und Mineralstoffe zu schützen, sollten Sie Kartoffeln möglichst in der Schale garen und die Kartoffeln erst ins Wasser geben, wenn es kocht.

1 Die Lachsscheiben mit Salz, Pfeffer und Zitronensaft würzen und bis zum Braten kühl stellen.

2 Die Kartoffeln waschen und in wenig Salzwasser mit Kümmel gar kochen. Abgießen, pellen und in Scheiben schneiden.

3 Die Schalotte abziehen und fein würfeln. Mit der Bouillon aufkochen, mit gekörnter Brühe abschmecken und heiß über die Kartoffelscheiben gießen. Etwa 10 Minuten ziehen lassen.

4 Gurke schälen, längs halbieren, entkernen und in Scheibchen schneiden. Die Radieschen waschen und fein blättrig schneiden. Die Kresse waschen.

5 Für den Kartoffelsalat Senf, Essig und Öl verrühren und mit Salz und Pfeffer würzen. Mit den Kartoffeln locker vermengen und den Thymian darüber streuen.

6 Radieschen, Gurken und Kresse locker vermengen. Mit Salz, Pfeffer, Essig und Öl anmachen.

7 Die Lachsscheiben mit der Haut nach unten im heißen Öl anbraten. 1-mal wenden und 2 bis 3 Minuten weiterbraten.

8 Auf vier großen Tellern den Kartoffelsalat und den Gurken-Radieschen-Salat zusammen mit den Lachsscheiben hübsch anrichten.

Die Nordsee lässt grüßen

Lachs natur mit Krabbendip

Für 4 Portionen

1 Zitrone
4 Scheiben Lachsfilet (à 200 g)
Salz, frisch gemahlener Pfeffer
1/2 Bund Dill
200 g saure Sahne
50 g Mayonnaise
200 g frische Nordseekrabben
2 EL Butter

30 Minuten

1 Die Zitrone auspressen. Die Lachsscheiben mit Salz, Pfeffer und 2/3 des Zitronensafts würzen. Den Dill waschen, trockenschwenken, dicke Stiele entfernen, Rest fein hacken.

2 Die saure Sahne mit der Mayonnaise und restlichem Zitronensaft verrühren. Mit Salz und Pfeffer würzen und den gehackten Dill sowie die Krabben unterheben. In vier Schälchen verteilen und kühlen.

3 In einer Pfanne die Butter erhitzen und die Lachsscheiben einlegen. Auf jeder Seite etwa 4 Minuten braten. Auf vier vorgewärmte Teller verteilen und je ein Schälchen Krabbendip dazu reichen.

Der Krabbendip passt hervorragend zu gebratenem Lachs. Komplett wird die Mahlzeit, wenn Sie noch gedünsteten Spinat dazu reichen.

Weintipp

Einen gut gekühlten weißen Burgunder aus Deutschland servieren.

Für Gäste

Lachs im Kartoffelmantel

Weintipp
Dazu passt ein angenehmer, gut gekühlter Sommerwein mit zarter Säure, z. B. ein Val d'Arbia aus der Toskana.

Für 4 Portionen
- 2 Stangen Lauch
- 200 g frische Pfifferlinge
- Salz
- 100 g Butter
- frisch gemahlener Pfeffer
- 1 Prise gekörnte Brühe
- 200 g Sahne
- 4 Scheiben Lachssteak ohne Haut und Gräten (à 100 g)
- 1 Eiweiß
- 1 große Kartoffel
- Mehl zum Wenden
- 5 EL Pflanzenöl
- 1 EL gemischte, gehackte Kräuter

40 Minuten

Lauch sollte nur kurz gegart werden, da er sonst leicht matschig wird. Abgerundet mit Sahne und frischen Pfifferlingen ist das Lauchgemüse eine köstliche Beilage zu dem Lachs im Kartoffelmantel.

1 Den Lauch waschen und in dünne Streifen schneiden. Die Pfifferlinge waschen und trockentupfen. Den Lauch in kochendem Salzwasser 4 bis 5 Minuten garen.

2 Etwa die Hälfte der Butter in einem Topf erhitzen und darin die Pfifferlinge etwa 5 Minuten andünsten. Mit Salz, Pfeffer und gekörnter Brühe würzen und mit Sahne aufgießen. Die Pfifferlinge 1-mal aufkochen lassen und in ein Sieb gießen. Die Pilzflüssigkeit mit einem Mixstab kräftig aufmixen.

3 Die dünnen Seiten der Lachsscheiben so nach innen einklappen, dass die Lachsstücke eine gleichmäßige Höhe haben. Mit Salz und Pfeffer würzen.

4 Das Eiweiß gut verschlagen. Die Kartoffel waschen, schälen und fein in ein Tuch reiben. Den Kartoffelsaft gut ausdrücken.

5 Die Lachsstücke in Mehl wenden, durch das Eiweiß ziehen und die geriebenen Kartoffeln mit der Hand auf die Lachsstücke drücken. Das Pflanzenöl in einer Pfanne erhitzen und darin die Lachsstücke bei mittlerer Hitze in etwa 10 Minuten goldbraun braten.

6 In der Zwischenzeit restliche Butter erhitzen und darin den Lauch andünsten. Mit Salz und Pfeffer würzen und auf vier vorgewärmten Tellern jeweils in der Mitte anrichten.

7 Die Pfifferlinge erwärmen, mit den Kräutern vermischen und rund um den Lauch geben. Die Lachsstücke auf dem Lauch anrichten und mit der aufgeschäumten Pilzsauce umgießen.

Extravagant italienisch

Lachs mit Fenchelsauce

Weintipp

An heißen Tagen genießt man dazu einen leichten, trockenen Weißwein mit feiner Säure, einen Galestro aus der Toskana.

Für 4 Portionen

- 4 Fenchelknollen
- 120 g Butter
- Salz
- 2 Schalotten
- 3 EL Fenchelsamen
- 200 ml Fischconsommé (Seite 32)
- 200 g Sahne
- frisch gemahlener Pfeffer
- etwas Zitronensaft
- 1 Zwiebel
- 4 Scheiben Lachs (à 100 g)

50 Minuten

1 Fenchelknollen putzen, vierteln, vom Strunk befreien und in Streifen schneiden. Etwas Fenchelgrün hacken und beiseite legen. In einem breiten Topf etwa 1/3 der Butter erhitzen und darin die Fenchelstreifen andünsten. Fenchel salzen und mit etwa 100 Milliliter Wasser aufgießen. Den Fenchel bei kleiner Hitze etwa 10 Minuten dünsten.

2 Die Schalotten abziehen und in Streifen schneiden. Ein weiteres 1/3 der Butter in einem Topf erhitzen und darin die Schalotten andünsten. 2 Esslöffel Fenchelsamen einrühren und das Ganze mit der Fischconsommé aufgießen.

3 Die Fenchelstreifen beiseite ziehen und warm stellen. Die Fischconsommé etwa 10 Minuten einkochen lassen, dann durch ein Sieb passieren. Erneut aufkochen und mit Sahne verfeinern. Mit Salz, Pfeffer und Zitronensaft würzen und bei kleiner Hitze einige Minuten kochen lassen.

4 Die Zwiebel abziehen und in Streifen schneiden. In einem Topf etwa 1/2 Liter Wasser aufkochen. Die Zwiebelstreifen, etwas Salz und 1 Esslöffel Fenchelsamen einrühren. Nach dem ersten Aufkochen die Hitze zurückdrehen und die 4 Lachsscheiben einlegen. Etwa 8 Minuten pochieren.

5 Die Lachsscheiben mit Küchenpapier trockentupfen. Den Fenchel auf vier Teller verteilen und die Lachsscheiben darauf anrichten. Mit einem Mixstab die restliche kalte Butter unter die Fischbrühe mixen. Mit Fenchelgrün verfeinern und den Lachs damit überziehen.

Fenchelgemüse kann sowohl roh als auch gegart gegessen werden. Um Aroma, Vitamine und Mineralstoffe zu schonen, sollte die Garzeit möglichst kurz sein.

Nordische Impression

Lachs im Strudelteig

Für 4 Portionen

- 125 g Mehl
- 3 EL Pflanzenöl
- Salz
- 100 g Kartoffeln
- 4–6 große Spinatblätter
- 2 Zweige Majoran
- 1 Ei
- 20 g Butter
- frisch gemahlener Pfeffer
- gemahlene Muskatnuss
- 300 g Lachsfilet
- einige Tropfen Zitronensaft
- Mehl für die Arbeitsfläche
- 1 Eigelb und 50 g Sahne zum Bestreichen

90 Minuten

1 Mehl mit 60 Milliliter Wasser, Pflanzenöl und einer Prise Salz zu einem geschmeidigen Teig kneten. In Klarsichtfolie hüllen und etwa 30 Minuten ruhen lassen.

2 In der Zwischenzeit die Kartoffeln in der Schale kochen. Die Spinatblätter kurz in kochendes Wasser tauchen, kalt abschrecken und auf einem Tuch trocknen lassen. Den Majoran waschen, trockenschwenken, Blättchen von den Stielen zupfen und diese fein hacken.

3 Das Ei trennen. Die noch heißen Kartoffeln durch eine Presse drücken, mit dem Eigelb und der Butter verrühren. Mit Salz, Pfeffer, Muskat und dem Majoran würzen.

4 Das Eiweiß mit einer Prise Salz steif schlagen und unter die Kartoffelmasse heben. Das Lachsstück mit Salz und Zitronensaft würzen und mit den Spinatblättern umwickeln.

5 Den Backofen auf 200 °C (Umluft 180 °C, Gas Stufe 3–4) vorheizen und ein Blech mit Backpapier auslegen. Den Strudelteig auf einer bemehlten Arbeitsfläche dünn auswellen und mit dem Kartoffelteig gleichmäßig dünn bestreichen.

6 Den Lachs darauf legen und in den Teig einschlagen. Eigelb mit Sahne verquirlen und den Strudel damit rundherum bestreichen. In den Ofen schieben und 15 bis 20 Minuten backen. Den Lachsstrudel aus dem Ofen nehmen, kurz ruhen lassen und in Scheiben schneiden.

7 Servieren Sie dazu gedünstete Rote Bete und die Fischrahmsauce vom Rezept »Kohlrabischeiben mit Lachs« (Seite 66), mit etwas Majoran angereichert.

Weintipp

Dazu passt ein hervorragender roter Toskaner: ein Vino Nobile di Montepulciano DOCG.

Frischer Spinat sollte zarte, geschmeidige, dunkelgrüne Blätter haben. Ungewaschen hält er sich im Kühlschrank 4 bis 5 Tage.

Eine tolle Kombination

Kohlrabischeiben mit Lachs

Weintipp
Dazu gehört ein frischer, süffiger Roséwein, z. B ein Cerasuolo d´Abruzzo.

Für 4 Portionen

Für die Fischrahmsauce:
- 120 ml trockener Weißwein
- 40 ml Wermut (Noilly Prat)
- 3/4 l Fischfond (aus dem Glas)
- 400 g Sahne
- 50 g kalte Butter
- Salz, frisch gemahlener Pfeffer
- Saft von 1/2 Zitrone

Außerdem:
- 2 größere Kohlrabiknollen
- 50 g Butter
- 400 g Lachsfilet
- 4 EL Pflanzenöl
- gehackte Kerbelblättchen und Möhrenstreifen zum Garnieren

70 Minuten

Kohlrabi enthält reichlich Vitamin C und Kalium. Die Kohlrabiblätter sind reich an Beta-Karotin und können wie Spinat zubereitet werden.

1 In einem Topf Weißwein und Wermut etwa 1 bis 2 Minuten leise kochen lassen. Den Fischfond dazurühren und 20 Minuten einkochen lassen. Sahne hinzufügen und weitere 10 Minuten offen kochen lassen. Butter mit einem Mixstab untermixen. Mit Salz, Pfeffer und einem Schuss Zitronensaft abschmecken.

2 Kohlrabi schälen und davon 12 Scheiben abschneiden; den Rest in Würfelchen schneiden. Die Kohlrabischeiben in Salzwasser blanchieren und kalt abschrecken.

3 20 Gramm Butter erhitzen, die Kohlrabiwürfel 8 Minuten dünsten, salzen und pfeffern.

4 Restliche Butter in einer Pfanne erhitzen und die Kohlrabischeiben einlegen. Mit 1/8 Liter Wasser aufgießen und in etwa 8 Minuten weich dünsten. Salzen und pfeffern.

5 Die Kohlrabischeiben herausnehmen, den Sud einkochen lassen und mit 200 Milliliter Fischrahmsauce aufkochen. Mit Salz, Pfeffer und Zitronensaft würzen und mit dem Mixstab aufschäumen.

6 Den Lachs passend zu den Kohlrabischeiben in 8 Scheiben schneiden und mit Salz und Pfeffer würzen. In einer Pfanne das Pflanzenöl erhitzen und die Lachsscheiben darin auf jeder Seite 1/2 Minute braten.

7 Kohlrabi- und Lachsscheiben auf Tellern anrichten und rundherum Kohlrabiwürfel streuen. Die Sauce darüber geben. Mit Kerbelblättchen und Möhrenstreifen garnieren.

Exotische Gelüste

Lachswürfel mit Curryreis

Für 4 Portionen

400 g Lachsfilet
Salz, frisch gemahlener Pfeffer
100 ml trockener Weißwein
5 Frühlingszwiebeln
1 kleiner Apfel
50 g Butter
500 g Langkornreis
1 TL Currypulver
1 l Geflügelbrühe
1 TL gehacktes Koriandergrün (ersatzweise glatte Petersilie)

60 Minuten

1 Lachs in Würfel schneiden. Salzen, pfeffern und mit der Hälfte des Weins beträufeln. Frühlingszwiebeln putzen und fein würfeln. Apfel schälen, vom Kernhaus befreien und in dünne Spalten schneiden.

2 Frühlingszwiebeln und Apfelspalten in der heißen Butter andünsten. Reis und Curry einstreuen und zwei Minuten unter Rühren dünsten.

3 Restlichen Wein und Brühe dazugießen. Mit Salz und Pfeffer würzen. Etwa 15 Minuten offen kochen lassen; dabei öfter umrühren. Lachs unterheben und 5 Minuten ziehen lassen. Mit Koriandergrün bestreuen.

Zu den Lachswürfeln mit Curryreis passt ein Joghurt-Knoblauch-Dip mit Minzeblättchen und knuspriges Fladenbrot.

Weintipp

Einen spanischen Hoya de Cadenas Reserva DO Utiel-Requena, Gandia, dazu genießen.

Mediterrane Gelüste

Auberginen-Lachs-Lasagne

Weintipp
Zu diesem Gericht passt ein zimmerwarmer, robuster, körperreicher Montepulciano d'Abruzzo DOC.

Bei der Auberginen-Lachs-Lasagne werden Lachs und Tomatensauce nicht zwischen Lasagneplatten, sondern zwischen gebratene Auberginenscheiben geschichtet.

Für 4 Portionen

Für die Tomatensauce:
2 Schalotten
1 Knoblauchzehe
3 Zweige Thymian
3 Stängel Basilikum
4 EL Olivenöl
1 EL Tomatenmark
500 ml geschälte Tomaten mit Saft (aus der Dose)
250 ml Gemüsebrühe
Salz, frisch gemahlener Pfeffer

Für die Lasagne:
2 Auberginen
Salz, frisch gemahlener Pfeffer
Mehl zum Wenden
200 ml Olivenöl
4 Tomaten
100 g grüne und schwarze Oliven gemischt
100 g getrocknete Tomaten in Öl
400 g Lachsfilet in dünnen Scheiben

60 Minuten

1 Schalotten und Knoblauchzehe abziehen und würfeln. Die Kräuter waschen und fein wiegen.

2 Im heißen Öl Schalotten- und Knoblauchwürfel andünsten. Mit Tomatenmark leicht rösten und mit den Tomaten auffüllen. Mit Gemüsebrühe aufgießen, Kräuter einrühren. Salzen und pfeffern. Etwa 15 Minuten leise kochen lassen und dann durch ein Sieb passieren.

3 Die Auberginen waschen, von Stielansätzen befreien und quer in dünne Scheiben schneiden. Mit Salz und Pfeffer würzen und in Mehl wenden. In einer Pfanne Olivenöl portionsweise erhitzen und darin die Auberginenscheiben auf beiden Seiten knusprig braten. Auf Küchenpapier entfetten und warm stellen.

4 Die Tomaten häuten, entkernen und in Streifen schneiden. Die Oliven vom Kern schneiden.

5 Die getrockneten Tomaten in Streifen schneiden und im eigenen Öl 5 Minuten dünsten. Tomaten- und Olivenstreifen sowie die Tomatensauce einrühren. Salzen und pfeffern.

6 Die Lachsscheiben mit Salz und Pfeffer würzen und im restlichen Öl auf jeder Seite kurz braten.

7 Auberginen, Lachsscheiben und Tomatensauce schichtweise auf vier vorgewärmte Teller verteilen. Mit Sauce abschließen.

Fein und dekorativ

Lachs-Salat-Rolle

Weintipp

Trinken Sie dazu einen fruchtigen, gekühlten Chardonnay, z. B. von Nappa Valley, Stellenbosch, oder aus Australien.

Für 4 Portionen

1 Kopfsalat
400 g Lachsfilet
Salz, frisch gemahlener Pfeffer
200 g Fischfarce (siehe Seite 51)
4 größere Möhren
80 g Butter, 1 Prise Zucker
1/2 TL Speisestärke

60 Minuten
Kühlzeit: 60 Minuten

1 Die Salatblätter waschen, in kochendem Wasser blanchieren und sofort in eisgekühltes Wasser legen. Die Blätter einzeln herausnehmen und auf einem Küchentuch zu einer Fläche ausbreiten.

2 Den Lachs quer durchschneiden, auseinanderklappen und mit Salz und Pfeffer würzen. Die Fischfarce auf die Salatfläche streichen und den Lachs darauf legen. Mit Hilfe des Tuchs so aufrollen, dass der Lachs völlig in den Salat eingewickelt ist.

3 Die Lachsrolle 1 Stunde kühl stellen. Möhren schälen, in Scheibchen schneiden und in heißer Butter andünsten. Zucker dazugeben und schmelzen lassen. Salzen und pfeffern. Mit 100 Milliliter Wasser begießen und etwa 15 Minuten garen lassen. Speisestärke mit 1 Esslöffel kaltem Wasser anrühren und die Möhren binden.

4 Genügend Wasser in einem Dampfkochtopf aufkochen. Die Lachsrolle aus dem Tuch nehmen und auf den Dämpfeinsatz legen. 10 bis 15 Minuten dämpfen lassen.

5 Die Lachsrolle aus dem Einsatz nehmen, kurz abkühlen lassen und in Scheiben schneiden. Mit den Möhren anrichten. Dazu schmeckt die Sauce von Seite 66, verfeinert mit 1 Esslöffel gehacktem Kerbel.

Grüne, schwarze und weiße Pfefferkörner unterscheiden sich durch ihren unterschiedlichen Reifegrad und dadurch auch in ihrer Schärfe.

Harmonischer Dreiklang

Lachs auf Blattspinat

Für 4 Portionen

1 Schalotte
400 g frischer Blattspinat
60 g Butter, 150 g Sahne
50 g Crème fraîche
100 g Cambozolakäse
Salz, frisch gemahlener Pfeffer
2 Tomaten
4 Scheiben Lachs ohne Haut (à 80 g)
100 g geschälte Garnelen
1 EL Zitronensaft
1 EL Wermut (Noilly Prat)
1 Stück Kräuterbutter (25 g)

30 Minuten

1 Die Schalotte abziehen und fein würfeln. Den Blattspinat putzen und in kochendem Wasser blanchieren. In ein Sieb gießen und eiskalt abschrecken. Mit den Händen ausdrücken und klein schneiden.

2 Die Hälfte der Butter in einem Topf erhitzen und darin die Schalottenwürfel andünsten. Sahne und Crème fraîche einrühren und aufkochen lassen. Den Käse klein schneiden und in der Sauce cremig rühren. Mit Salz und Pfeffer würzen und bei kleinster Hitze ziehen lassen.

3 Tomaten überbrühen, häuten, entkernen und in Streifen schneiden. Lachsstücke und Garnelen mit Salz, Pfeffer, Zitronensaft und Wermut würzen. In einer Pfanne die restliche Butter erhitzen und die Lachsstücke auf jeder Seite einige Minuten braten. Die Kräuterbutter in die Pfanne gleiten lassen.

4 Den Spinat in die Käsesauce rühren und erwärmen; nochmals abschmecken. Auf vier vorgewärmten Tellern verteilen und die Lachsstücke daneben legen.

5 Die Garnelen und die Tomatenstreifen im Bratenfond schwenken und löffelweise über die Lachsstücke geben.

Der Lachs auf Blattspinat ist ein schnelles Essen für Genießer.

Weintipp

Servieren Sie dazu einen Orvieto Classico, secco DOC aus Umbrien, mit zartem, trockenem Bukett.

Spanisch angehaucht

Paella mit Lachs

Weintipp
Wir bleiben bei unseren Getränkeempfehlungen gern in dem Land, aus dem das Gericht stammt. In diesem Fall raten wir zu einem schönen, zimmerwarmen roten Rioja.

Für 4 Portionen
- 1 Zwiebel, 2 Knoblauchzehen
- 1 Cabanossi oder 100 g spanische Chorizo (Paprikawurst)
- 1 rote Paprikaschote
- 4 Hühnerbeine
- Salz, frisch gemahlener Pfeffer
- gemahlener scharfer Paprika
- 4 EL Olivenöl
- 500 g Langkornreis
- 1 Döschen Safran
- 100 ml trockener Weißwein
- 1 l Gemüse- oder Geflügelbrühe
- 1/2 Zitrone
- 400 g Lachsfilet

70 Minuten

Botanisch gesehen ist Paprika eine hohle Beere mit fleischiger Wand, daher wird er den Fruchtgemüsen zugeordnet.

1 Die Zwiebel und die Knoblauchzehen abziehen und fein würfeln. Die Cabanossi häuten und würfeln. Die Paprikaschote waschen, putzen und in 1 Zentimeter große Würfel schneiden. Die Hühnerbeine mit Salz, Pfeffer und Paprika würzen.

2 Den Backofen auf 200 °C (Umluft 180 °C, Gas Stufe 3–4) vorheizen. In einem Bräter 2 Esslöffel Öl erhitzen und darin die Hühnerbeine von allen Seiten scharf anbraten. Herausnehmen und auf einen Teller legen.

3 Restliches Olivenöl in den Bratensatz gießen und darin die Zwiebel-, Knoblauch- und Cabanossiwürfel anbraten. Reis einstreuen und mit Safran 2 Minuten durchrühren.

4 Mit Weißwein ablöschen und mit Salz und Pfeffer würzen. Paprikawürfel einrühren und mit Brühe aufgießen. Nach dem ersten Aufkochen die Hühnerbeine dazugeben.

5 Den Bräter in den Ofen schieben und die Paella 35 Minuten garen. Die Zitrone auspressen, den Lachs in 8 Stücke schneiden und mit Salz, Pfeffer und Zitronensaft würzen.

6 Bräter aus dem Ofen nehmen, den Reis auflockern und den Lachs darauf verteilen. Mit Alufolie bedecken und den Bräter für 10 Minuten in den ausgeschalteten Ofen schieben. Im Bräter servieren. Dazu passen Knoblauchbaguette und gemischte Blattsalate.

Tipp der Köche

Damit der Lachs nicht austrocknet, keinesfalls von Anfang an unter den Reis mischen. Das Durchziehen im ausgeschalteten Ofen reicht aus. Sie können unter die Paella auch Riesengarnelen, Krabben und anderes Fischfilet mischen. Diese dann wie den Lachs erst gegen Ende zugeben.

Eintopf aus dem Ofen

Zarzuela mit Lachs

Für 4 Portionen

500 g kleine Kartoffeln
Salz
500 g Zwiebeln
4 Knoblauchzehen
500 g Tomaten
1 Bund glatte Petersilie
500 g Lachsfilet
frisch gemahlener Pfeffer
Olivenöl für die Form
6 EL Olivenöl
200 ml trockener spanischer Weißwein

80 Minuten

1 Die Kartoffeln waschen, schälen und in wenig Salzwasser 15 Minuten kochen. In der Zwischenzeit Zwiebeln und Knoblauchzehen abziehen und in Streifen schneiden.

2 Die Tomaten überbrühen, häuten, entkernen und in Streifen schneiden. Die Petersilie waschen, trockenschwenken, Blättchen von den Stielen zupfen und fein hacken.

3 Das Lachsstück in etwa 2 Zentimeter große Würfel schneiden und mit Salz und Pfeffer würzen. Den Backofen auf 200 °C (Umluft 180 °C, Gas Stufe 3–4) vorheizen und eine feuerfeste Form mit Olivenöl auspinseln.

4 Die Kartoffeln abgießen und abkühlen lassen. In einer Pfanne die Hälfte des Olivenöls erhitzen und darin Zwiebeln und Knoblauch etwa 10 Minuten dünsten; dabei etwas Wasser zugießen. Zuletzt die Tomatenstreifen sowie die Petersilie unterheben und die Pfanne vom Herd ziehen.

5 In einer zweiten Pfanne das restliche Olivenöl erhitzen und darin die Lachswürfel von allen Seiten 1 Minute anbraten und vom Herd ziehen.

6 Die Kartoffeln in Scheiben schneiden und auf dem Boden der Form verteilen. Die Lachswürfel darüber geben und mit der Tomaten-Zwiebel-Mischung bedecken. Dabei jede Schicht mit Salz und Pfeffer würzen.

7 Das Ganze mit Weißwein begießen. Die Form in den Ofen schieben und die Zarzuela in etwa 20 Minuten garen.

Weintipps

Genießen Sie dazu einen 1997er Cabernet Sauvignon, Carta Vieja, oder einen 1997er Sauvignon, Carta Vieja, aus Chile.

Olivenöl ist reich an der einfach ungesättigten Fettsäure Ölsäure, die den Cholesterinspiegel senken und somit z. B. vor Herzinfarkt schützen kann.

Französische Impressionen

Ratatouille mit Lachs

Für 4 Portionen
Für die Ratatouille:
1 kleine Aubergine
2 kleine Zucchini
1 weiße Zwiebel
3 rote Paprikaschoten
2 Knoblauchzehen
4 reife Tomaten
je 1 Zweig Rosmarin und Thymian
50 ml Olivenöl
Salz, frisch gemahlener Pfeffer
2 EL Tomatenmark
200 ml heiße Gemüsebrühe
Für den Lachs:
1 Bund gemischte Kräuter
5 EL Olivenöl
50 g Paniermehl
Salz, frisch gemahlener Pfeffer
500 g Lachsfilet mit Haut
1 TL Zitronensaft
1 TL scharfer Senf

70 Minuten

Weintipp
Dazu passt ein weißer, trockener Neirole aus dem Piemont.

1 Aubergine, Zucchini, Zwiebel und Paprika waschen, putzen und in etwa 1 Zentimeter große Stücke schneiden. Knoblauch abziehen und fein würfeln. Tomaten häuten, entkernen und würfeln.

2 Rosmarin und Thymian waschen und fein hacken. Auberginen, Zucchini, Zwiebel und Paprika nacheinander im heißen Öl braten. Salzen, pfeffern und in einem Topf mit Kräutern und Knoblauch mischen. Das Tomatenmark mit der Brühe verrühren und unterrühren. Bei kleiner Hitze 15 Minuten dünsten. Zuletzt die Tomaten einrühren.

3 Die gemischten Kräuter waschen und fein hacken. In einer Pfanne 4 Esslöffel Olivenöl erhitzen und das Paniermehl einrühren. Die Kräuter hinzufügen und unter ständigem Rühren mit Salz und Pfeffer würzen. Abkühlen lassen. Den Backofen auf 180 °C (Umluft 160 °C, Gas Stufe 2–3) vorheizen.

4 Ein großes Stück Alufolie mit dem Rest Olivenöl bestreichen. Den Lachs mit Salz, Pfeffer und Zitronensaft würzen und mit der Hautseite auf die Alufolie legen. Die Lachsoberseite mit Senf bestreichen und darauf die Paniermehlmischung verteilen.

5 Den Lachs auf ein Blech legen und im Ofen 15 Minuten garen. Einige Minuten abkühlen lassen, in 4 Scheiben schneiden und ohne Haut zu der Ratatouille servieren.

Paprika und Zucchini sind neben Tomaten und Auberginen die wichtigsten Zutaten für das französische Ratatouille. Der Lachs mit Kräuterpanade passt dazu hervorragend.

Griechisch inspiriert

Kartoffel-Oliven-Püree mit Lachs

Weintipp
Trinken Sie einen griechischen Wein dazu. Es muss nicht immer Retsina sein, fragen Sie doch einfach bei Ihrem Weinhändler nach.

Für 4 Portionen

500 g mehlig kochende Kartoffeln
Salz
800 g frischer Spinat
10 schwarze und grüne Oliven gemischt
150 ml Milch
50 g Butter
10 EL Olivenöl
frisch gemahlener Pfeffer
4 Scheiben Lachsfilet (à ca. 100 g)
1 EL Zitronensaft
1 Messerspitze gemahlene Muskatnuss

60 Minuten

Kaufen Sie frischen Lachs möglichst erst am Tag der Zubereitung und legen Sie ihn sofort in den Kühlschrank, da Fisch sehr leicht verdirbt.

1 Die Kartoffeln waschen, schälen, eventuell kleiner schneiden und in wenig Salzwasser etwa 15 Minuten garen. In der Zwischenzeit den Spinat putzen, waschen und in einem Sieb abtropfen lassen.

2 Die Oliven entkernen und in dünne Streifen schneiden. Die Kartoffeln abgießen und durch eine Presse drücken. Die Milch erhitzen, mit der Butter und 3 Esslöffeln Olivenöl unter die Kartoffelmasse rühren. Das Püree warm stellen.

3 In einem Topf 4 Esslöffel Olivenöl erhitzen und darin den Spinat etwa 5 Minuten dünsten. Mit Salz und Pfeffer würzen. Die Lachsscheiben mit Salz, Pfeffer und Zitronensaft würzen.

4 In einer Pfanne das restliche Olivenöl erhitzen und darin die Lachsscheiben von jeder Seite 3 Minuten goldgelb braten. Das Kartoffelpüree mit Salz, Pfeffer und Muskatnuss würzen und zuletzt die Olivenstreifen unterheben.

5 Auf vier vorgewärmten Tellern das Kartoffel-Oliven-Püree und den gedünsteten Spinat verteilen und daneben die gebratenen Lachsscheiben anrichten. Das Ganze mit dem Bratensatz aus der Pfanne beträufeln.

Tipp der Köche

Kartoffeln mit Olivenöl sind eine Kaloriensünde wert. Bei dem Kartoffel-Oliven-Püree haben wir uns von dem griechischen Rezept »Skordaliá mé patates« anregen lassen. Dazu werden die Kartoffeln fein püriert und mit viel Knoblauch, viel Olivenöl, etwas Fleischbrühe und wenig Zitronensaft verrührt.

Auf chinesische Art

Spargel-Lachs-Wok

Für 2 Portionen

1 Stück frischer Ingwer (1 cm lang)
1 Knoblauchzehe
2 Frühlingszwiebeln
300 g grüner Spargel
200 g Lachsfilet
Salz, frisch gemahlener Pfeffer
4 EL Pflanzenöl
6 cl Sherry, 2 EL Sojasauce

15 Minuten

1 Ingwer schälen, Knoblauch abziehen und beides fein würfeln. Die Frühlingszwiebeln putzen und in kleine Würfel schneiden. Den Spargel waschen und in 2 Zentimeter lange Stücke schneiden. Den Lachs in zentimetergroße Würfel schneiden, salzen und pfeffern.

2 In der Hälfte des Öls im Wok den Lachs 1 Minute braten, herausnehmen. Im restlichen Öl Ingwer, Knoblauch und Frühlingszwiebeln andünsten.

3 Spargel zugeben und unter Rühren 8 Minuten braten. Mit Sherry und Sojasauce beträufeln. Lachswürfel zugeben, vorsichtig vermengen und sofort servieren.

Mit thailändischem Duftreis wird der Spargel-Lachs-Wok zum superschnellen fernöstlichen Lieblingsgericht.

Weintipp

Trinken Sie einen zart fruchtigen Weißwein aus Venetien, einen Bianco San Pietro, dazu.

Für Gäste

Fischfondue mit Mandelsauce

Weintipp
Sie sollten denselben Schaumwein oder Champagner dazu trinken, den Sie für die Brühe verwendet haben.

Für 4 Portionen
8 geschälte Riesengarnelen
400 g Lachsfilet
200 g Thunfischfilet
200 g Wolfsbarschfilet
Salz, frisch gemahlener Pfeffer
1 EL Zitronensaft
100 g Sojabohnensprossen
100 g Spinat
1 l Gemüsebrühe
1 Pikkolo oder 1/4 l Prosecco
Für die Mandelsauce:
100 g Mayonnaise
100 g saure Sahne
1/2 Apfel, 1 kleine Banane
1 EL Zitronensaft
50 g gemahlene Mandeln
2 EL Orangensaft
1/4 TL Currypulver

Das beste Aroma haben Mandeln, wenn Sie sie frisch mahlen. Mit den fertig gemahlenen sparen Sie allerdings Zeit.

40 Minuten

1 Die Riesengarnelen vom schwarzen Darmfaden befreien und waschen. Die Fischfilets waschen, trockentupfen und in etwa 1 Zentimeter große Würfel schneiden.

2 Den Fisch salzen, pfeffern und mit Zitronensaft beträufeln. Sprossen und Spinat separat waschen und abtropfen lassen. Alles in Schälchen anrichten.

3 Mayonnaise und saure Sahne verrühren. Apfel schälen, vom Kernhaus befreien und fein reiben. Banane schälen und mit einer Gabel zerdrücken. Beides mit Zitronensaft unter die Creme rühren.

4 Die Sauce mit Mandeln, Orangensaft, Currypulver, Salz und Pfeffer würzen. In vier Schälchen füllen. Die Gemüsebrühe im Fonduetopf aufkochen. Pikkolo zugießen und den Topf auf den Rechaud stellen.

5 Ofenfrisches Baguette, überbackener Reis oder Folienkartoffeln mit Kartoffelschnee und Kaviar machen das Fischfondue zu einem Fest.

Für die Party

Lachsburger mit Kartoffelchips

Für 6 Portionen
500 g Lachsfilet
2 EL Sojasauce
Saft von 1/2 Zitrone
1 TL gemahlener Paprika (edelsüß)
1 EL Sardellenpaste
50 g Paniermehl
1 Eiweiß
Salz, frisch gemahlener Pfeffer
2 große Zwiebeln
500 g Kartoffeln
1 l Pflanzenöl zum Frittieren
Zum Servieren:
6 Hamburgerbrötchen
6 große Salatblätter
Mayonnaise-Ketchup aus der Tube

60 Minuten

1 Das Lachsfilet in kleine Stücke schneiden. Mit Sojasauce und Zitronensaft im Mixer fein pürieren. Mit der Hälfte Paprikapulver, der Sardellenpaste, Paniermehl und Eiweiß zu einem glatten Teig verarbeiten.

2 Den Lachsteig salzen und pfeffern. Mit angefeuchteten Händen 6 flache Frikadellen formen und in Mehl wenden. Die Zwiebeln abziehen und in Ringe schneiden. Die Kartoffeln waschen, schälen und in dünne Scheiben hobeln.

3 Kartoffelchips, Zwiebelringe und die Lachsburger im heißen Öl nacheinander knusprig frittieren.

4 In der Zwischenzeit die Brötchen durchschneiden und im Backofen bei etwa 100 °C leicht erwärmen. Die Salatblätter waschen und trockenschwenken.

5 Die untere Hälfte der Brötchen jeweils mit Mayonnaise-Ketchup bestreichen und mit je 1 Salatblatt belegen. Je 1 Lachsburger darauf setzen und mit frittierten Zwiebeln belegen.

6 Mit Mayonnaise-Ketchup abschließen und die Brotdeckel darauf geben. Die Kartoffelchips mit Salz, Pfeffer und Paprikapulver würzen und dazu servieren.

Hamburger für Gourmets: Lachsburger mit selbst gemachten Kartoffelchips.

Weintipp

Öffnen Sie dazu einen süffigen weißen Landwein oder ein kühles Bier.

Höchste Vollendung

Für ein ganz besonderes Fest, ein edles Büfett, wenn Sie die Gourmets unter Ihren Freunden bekochen wollen oder ein außerordentliches Essen für zwei planen: In diesem Kapitel sind Sie richtig. Mit den folgenden Rezepten werden Sie Entzückensrufe der Tischgesellschaft ernten, und Sie können sicher sein, dass Sie etwas ganz Besonderes serviert haben. Und dennoch sind alle diese Rezepte von jedem nachzuvollziehen. Auf ein feines Büfett, sei es zum Brunch, für einen Sektempfang oder für die Party, passen dekorative Terrinen wie die Lachs-Joghurt-Sülze oder der Lachsgugelhupf. Und als allerfeinsten Fischgang im Herbstmenü sollten Sie den Kürbisstrudel mit Lachs ausprobieren – es wird eines Ihrer Lieblingsrezepte werden.

Zum Sonntagsbrunch

Lachs-Joghurt-Sülze

Ketakaviar ist roter Rogen von Lachsen, die im nördlichen Eismeer, an der asiatischen oder an der amerikanischen Pazifikküste gefangen werden.

Weintipp
Zu Kaviar passt am besten prickelnder Champagner.

Frischen Lachs kaufen Sie am besten beim Fischhändler oder an der Fischtheke im Supermarkt.

Für 1 Kastenform von 25 Zentimeter Länge

- 2 Schalotten
- 1/4 l trockener Weißwein
- 500 g Lachsfilet in 1/2 cm dicken Scheiben
- 1/2 Zitrone
- 500 g Vollmilchjoghurt
- 100 g Crème fraîche
- Salz, weißer Pfeffer
- 40 g Gelatinepulver
- 50 g Ketakaviar

40 Minuten
Kühlzeit: 7 Stunden

1 Die Schalotten abziehen und fein würfeln. Zusammen mit dem Weißwein in einem breiten Topf etwa 5 Minuten offen kochen lassen. Die Hitze zurückdrehen und die Lachsscheiben einlegen. Etwa 1 Minute ziehen lassen. Den Lachs herausnehmen, auf einen Teller legen, mit Folie abdecken und für etwa 15 Minuten in den Kühlschrank stellen.

2 Den Weinsud vollständig erkalten lassen. Eine Kastenform so mit Klarsichtfolie auslegen, dass ein Teil der Folie über den Rand hängt. Die Zitrone auspressen. Den Joghurt und die Crème fraîche verrühren und mit Salz, Pfeffer und Zitronensaft würzen.

3 Das Gelatinepulver mit einem Schneebesen in den kalten Weinsud rühren, kurz aufkochen lassen und durch ein Sieb passieren. Dann auf etwa 50 °C abkühlen lassen.

4 Den Weinsud und die Joghurtcreme gründlich verrühren und den Kaviar vorsichtig unterheben. Einen Teil der Joghurtmasse auf den Boden der Kastenform gießen.

5 Mit Lachsscheiben bedecken und diese mit Joghurtcreme überziehen. So lange fortfahren, bis alles aufgebraucht ist. Mit Joghurtcreme abschließen.

6 Die Form mit Folie dicht verschließen und für etwa 7 Stunden in den Kühlschrank stellen. Zum Servieren die Lachs-Joghurt-Sülze vorsichtig aus der Kastenform lösen, auf eine Servierplatte stürzen und in Scheiben schneiden.

Tipp der Köche

Die Klarsichtfolie mit Wasser benetzen, damit sie sich besser in der Kastenform auslegen lässt.

Züm Grande Finale

Edelpresssack mit Lachs

Für 1 Kastenform von 25 Zentimeter Länge
600 g Lachs- und Seezungenfilet gemischt
1 l Fischfond (aus dem Glas)
200 g geschälte Garnelen
2 Schalotten
1/4 l trockener Weißwein
etwa 1 EL Weißweinessig
etwa 1 TL Zitronensaft
Salz, weißer Pfeffer
20 g Gelatinepulver
Für die Salatgarnitur:
2 Salatherzen
8–12 Kirschtomaten
einige Rucolablätter
3 EL Olivenöl
2 EL Weißweinessig
Salz, frisch gemahlener Pfeffer

40 Minuten
Kühlzeit: 7 Stunden

1 Die Fischfilets unter fließendem kaltem Wasser abspülen und mit Küchenpapier trockentupfen. In mundgerechte Stücke schneiden.

2 Den Fischfond in einem breiten Topf aufkochen. Die Hitze zurückdrehen und die Fischfilets sowie die Garnelen 2 Minuten darin ziehen lassen. Herausnehmen, auf einen Teller legen und für 15 Minuten in den Kühlschrank stellen.

3 Die Schalotten abziehen und fein würfeln. Den Weißwein aufkochen, die Schalottenwürfel zugeben und dünsten, bis der Wein verdampft ist.

4 Den Fischfond mit Essig, Zitronensaft, Salz und Pfeffer würzen und auf 500 Milliliter einkochen. Das Gelatinepulver mit einem Schneebesen einrühren und die Flüssigkeit durch ein Sieb passieren.

5 Die Fischfilets, die Garnelen und die Schalottenwürfel in eine Kastenform schichten. Mit dem Fischfond aufgießen und für etwa 7 Stunden kalt stellen.

6 Die Salatherzen halbieren, waschen und trockenschwenken. Die Tomaten waschen und halbieren. Den Rucola waschen, trockenschwenken und halbieren. Die Salatzutaten mit Olivenöl, Essig, Salz und Pfeffer würzen und auf einer Platte hübsch arrangieren. Den Edelpresssack vorsichtig stürzen und in Scheiben schneiden. Auf den Salaten anrichten.

Weintipp
Dazu passt ein gut gekühlter Galestro aus der Toskana.

Rucola oder Rauke schmeckt am besten ganz frisch. Die Blätter sollten zart und leuchtend grün sein.

Die Arbeit lohnt sich

Kartoffel-Lachs-Parfait

Weintipp
Trinken Sie dazu einen milden, frischen Trebbiano d'Abruzzo.

Wenn Sie Ihre Gäste mal so richtig beeindrucken und verwöhnen möchten, müssen Sie unbedingt das Kartoffel-Lachs-Parfait ausprobieren.

Für 1 Kastenform von etwa 20 Zentimeter Länge

800 g mehlig kochende Kartoffeln
Salz
200 g Lauch
200 g Möhren
etwa 20 große Spinatblätter
4 Eier
100 g Crème fraîche
frisch gemahlener Pfeffer
gemahlene Muskatnuss
Butter für die Folie
400 g Lachsfilet

Für die Vinaigrette:

6 EL Olivenöl
6 EL Rotweinessig
1 TL gehackter Majoran
1/2 TL gehackte Petersilie

90 Minuten
Garzeit: 55 Minuten

1 Die Kartoffeln schälen und in Salzwasser weich kochen. Den Lauch waschen und in feine Würfel schneiden. Die Möhren schälen und passend zum Lauch schneiden.

2 Die Gemüsewürfel in kochendem Salzwasser etwa 5 Minuten kochen. Kalt abschrecken, trockentupfen und 4 Esslöffel davon beiseite legen.

3 Die Spinatblätter in kochendem Salzwasser blanchieren. Herausnehmen, mit kaltem Wasser abschrecken und auf Küchentüchern auslegen. Die Eier trennen.

4 Die Kartoffeln ausdampfen lassen und durch eine Presse drücken. Mit Crème fraîche und den Eigelben verrühren. Mit Salz, Pfeffer und Muskatnuss würzen.

5 Eiweiß mit einer Prise Salz zu steifem Schnee schlagen. Die Gemüsewürfel unter die Kartoffelmasse mischen. Eischnee unterheben.

6 Eine Kastenform mit Alufolie auskleiden, diese mit Butter bestreichen. Den Lachs der Länge nach in 2 Stücke schneiden. Mit Salz und Pfeffer würzen und mit den Spinatblättern umwickeln. Den Backofen auf 160 °C (Umluft 140 °C, Gas Stufe 1–2) vorheizen und in einem Bräter Wasser aufkochen.

7 Einen Teil der Kartoffelmasse auf den Boden der Kastenform streichen. Ein Lachsstück darauf legen und wieder mit Kartoffelmasse belegen. Das zweite Stück Lachs darauf legen und den Rest Kartoffelmasse darauf glatt streichen.

8 Die Oberfläche mit Alufolie bedecken. Die Kastenform in den Bräter stellen. Das Parfait im Ofen etwa 55 Minuten garen.

9 Für die Vinaigrette alle Zutaten mit 6 Esslöffeln Wasser, Salz und Pfeffer kräftig aufschlagen und die Gemüsewürfel unterrühren. Das abgekühlte Kartoffel-Lachs-Parfait stürzen und in Scheiben schneiden. Auf Portionstellern anrichten und mit der Vinaigrette beträufeln.

Zum Lachsgugelhupf passen ein sanft gewürzter Kräuterjoghurt aus Joghurt, saurer Sahne, Mayonnaise und gemischten Kräutern und außerdem Reis, Risotto oder Salzkartoffeln.

Weintipp
Öffnen Sie dazu einen vollmundigen, säurearmen und ausdrucksvollen Gavi di Gavi DOC aus dem Piemont.

Spektakulär

Lachsgugelhupf

Für 1 Gugelhupfform von 2 Liter Inhalt
- 300 g Seezungenfilet
- Salz, weißer Pfeffer
- 1 Spritzer Zitronensaft
- 2 cl Wermut (Noilly Prat)
- 1 Eiweiß
- 5 große Wirsingblätter
- 1 Bund gemischte Kräuter
- 250 g Möhren und Zucchini
- Butter für die Form
- 100 g Sahne
- 500 g Lachsfilet, 1 cm dicke Scheiben

120 Minuten

1 Seezungenfilet in 1/2 Zentimeter große Würfel schneiden. Mit Salz, Pfeffer, Zitronensaft und Wermut würzen. Mit dem Eiweiß vermengen, 15 Minuten ins Gefrierfach stellen.

2 Wirsingblätter waschen und dickere Blattrippen entfernen. 30 Sekunden in kochendes Salzwasser legen, kalt abschrecken.

3 Die Kräuter waschen und fein hacken. Möhren und Zucchini würfeln, 30 Sekunden in kochendes Salzwasser geben und kalt abschrecken.

4 Den Backofen auf 160 °C (Umluft 140 °C, Gas Stufe 1–2) vorheizen. Eine Gugelhupfform mit Butter ausstreichen. Die Wirsingblätter so einlegen, dass die Kanten überlappen und ein Teil überhängt.

5 Die Seezungenfilets mit 50 Gramm Sahne pürieren. Dann mit der restlichen Sahne verrühren. Die Hälfte der Farce mit den Kräutern verrühren, die andere Hälfte mit den Gemüsewürfeln.

6 Den Wirsing mit Gemüsefarce bestreichen. Darauf einen Teil Lachs anordnen. Mit der Hälfte der Kräuterfarce bestreichen und darauf wieder Lachsscheiben geben. Die restliche Farce darauf glatt streichen.

7 Mit den überhängenden Wirsingblättern verschließen und mit Alufolie abdecken. In einem Bräter Wasser aufkochen und die Gugelhupfform hineinstellen. Im Ofen 40 Minuten garen. 10 Minuten ruhen lassen und dann stürzen.

Eurasische Verbindung

Lachs auf Chinaart

Für 4 Portionen
- 1 EL geschälter Sesam
- 1 Bund Koriandergrün
- 1 Stück frischer Ingwer (4 cm lang)
- 1 kleine Möhre
- 1/2 Lauchstange
- 1 Stängel Zitronengras
- 250 g Sojasprossen
- 50 ml helles Sesamöl
- Salz, frisch gemahlener Pfeffer
- 1 EL Sojasauce
- 4 Scheiben Lachs (à ca. 100 g)

40 Minuten

1 Den Sesam in einer heißen Pfanne ohne Fett kurz rösten und beiseite stellen. Den Koriander waschen, trockenschwenken, die Blättchen von den Stielen zupfen und fein hacken. Den Ingwer schälen und fein würfeln.

2 Möhre, Lauch, Zitronengras und Sprossen waschen. Die Möhre schälen und mit dem Lauch in dünne Streifen schneiden. Das Zitronengras fein hacken.

3 In einem Wok oder in einer großen Pfanne das Öl erhitzen und darin Ingwer und Zitronengras andünsten. Möhren- und Lauchstreifen sowie die Sojasprossen hinzufügen und durchschwenken. Mit Salz, Pfeffer und Sojasauce würzen.

4 In einem Topf wenig Salzwasser aufkochen. Die Lachsscheiben auf einen Dämpfeinsatz legen und im geschlossenen Topf etwa 10 Minuten dämpfen.

5 Das Gemüse nochmals mit Salz, Pfeffer und Sojasauce pikant abschmecken und den gehackten Koriander unterheben. Das Gemüse auf vier vorgewärmte Teller verteilen und je 1 Lachsscheibe obenauf setzen. Mit dem gerösteten Sesam bestreut servieren.

Kulinarischer Gruß aus Fernost: Lachs auf Chinaart.

Getränketipps

Perfekt wären ein Lycheecocktail vorweg und zum Essen ein auf 42 °C erwärmter Sake (Reiswein). Aber auch Weißwein, Bier oder ein Gläschen Prosecco passen dazu.

Richten Sie die Mousse auf buntem Salat an, und servieren Sie dazu Kaviarsahne (aus Kaviar und Crème fraîche mit Salz, Pfeffer und Zitronensaft) und Baguette.

Für ein elegantes Fest

Räucherlachsmousse

Für 1 Kastenform von etwa 2 Liter Inhalt/15 Vorspeisenportionen

Für die Mousse:

- 1 geräucherte Lachsseite
- 30 g Butter
- 1/2 Zitrone
- 1/4 l trockener Weißwein
- 1 1/4 l Geflügel- oder Fischfond
- 650 ml Crème double
- 650 ml Crème fraîche
- 7 Blatt weiße Gelatine
- Salz, frisch gemahlener Pfeffer
- 500 g Sahne
- 1 EL gehackter Dill
- 1/4 l Fischgelee (siehe Tipp)

90 Minuten
Kühlzeit: 4 Stunden

1 Von der Lachsseite 400 Gramm Lachsfleisch klein schneiden und beiseite stellen. Die entstandenen Lachsabfälle etwas zerkleinern. In einem Topf die Butter erhitzen und darin die Lachsabfälle andünsten. Zitrone auspressen.

Geräucherten Lachs können Sie in hauchdünne Scheiben geschnitten fertig verpackt kaufen.

2 Mit Weißwein und der Hälfte des Zitronensafts ablöschen und einige Minuten einkochen lassen. Mit Fond aufgießen und nach dem ersten Aufkochen etwa 20 Minuten einkochen lassen.

3 Durch ein Sieb passieren und erneut zum Kochen aufstellen. Etwa auf die Hälfte einkochen lassen. Dann Crème double und Crème fraîche einrühren und nochmals 20 Minuten einkochen lassen.

4 Die Gelatine in kaltem Wasser einweichen. Den Fond mit den 400 Gramm Lachs im Mixer so lange pürieren, bis die Masse bindet. Gelatine ausdrücken und unterrühren.

5 Mit Salz, Pfeffer und Zitronensaft würzen. Sahne steif schlagen und mit dem Dill unterheben. Eine Kastenform mit Klarsichtfolie auslegen. Das Fischgelee eingießen und etwas gelieren lassen.

6 Die Mousse auf dem Gelee verteilen und glatt streichen. Mit Folie abdecken, 4 Stunden kühlen.

7 Kurz vor dem Servieren von der restlichen Lachsseite dünne Scheiben abschneiden und auf Tellern verteilen. Die Mousse vorsichtig stürzen, in Scheiben schneiden und auf den Tellern anrichten.

Tipp der Köche

Für das Fischgelee 4 Blatt weiße Gelatine in kaltem Wasser einweichen. 1/4 Liter Fischfond erwärmen und die Gelatine darin auflösen.

Etwas Besonderes für Gäste

Lachs in der Salzkruste

Für 6 bis 8 Portionen

1 kleiner ganzer küchenfertiger Lachs von etwa 2 bis 3 kg (oder 1 Lachsforelle von 1,5 bis 2 kg)
1 Bund gemischte Kräuter (oder nur eine Sorte Kräuter Ihrer Wahl: Dill, Basilikum, Petersilie)
3 kg Meersalz
200 g Mehl
50 g Stärkemehl
4 Eier
500 ml Fischrahmsauce (Seite 66)
1 Bund Basilikum
1–2 EL rosa Pfeffer

80 Minuten

1 Den Lachs unter fließendem kaltem Wasser gründlich waschen und trockentupfen. Die Kräuter waschen, trockenschwenken und im Bauchraum des Fischs verteilen.

2 Den Backofen auf 250 °C (Umluft 230 °C, Gas Stufe 6) vorheizen und ein Blech mit Backpapier auslegen.

3 In einer Schüssel Meersalz mit Mehl, Stärkemehl und Eiern gründlich verrühren. Mit einem Teil davon eine Fläche in der Größe des Fischs auf dem Backpapier bestreichen. Den Lachs darauf legen.

4 Mit dem restlichen Salzteig den Lachs vollständig umkleiden. Das Backblech in den Ofen schieben und den Fisch in etwa 35 Minuten garen; die Lachsforelle braucht maximal 25 Minuten.

5 Die Fischrahmsoße etwa 10 Minuten leise einkochen lassen. Die Basilikumblättchen fein schneiden.

6 Pfefferkörner und Basilikum in die Sauce rühren. Den Fisch aus dem Ofen nehmen und erst am Tisch die Salzkruste mit einem Sägemesser abschneiden. Den Fisch portionieren, auf Teller geben und die Sauce separat dazu reichen. Servieren Sie dazu Blattspinat, Gemüsereis und ofenfrisches Baguette.

Weintipps

Dazu gehört klassisch ein Gläschen Champagner. Doch gibt es auch einen wunderbar dazu passenden Weißwein: ein 1998er Blue Ridge Blanc aus der Weinregion Paarl, Südafrika, von Jeff Grier, der bereits zweimal zum Weinmacher des Jahres gekürt wurde.

Basilikum bekommen Sie mittlerweile in jedem Supermarkt frisch. Sie können es aber auch einfrieren, während es beim Trocknen viel Aroma verliert.

Mediterran inspiriert

Kürbisstrudel mit Lachs

Für 6 Portionen
125 g Mehl
9 EL Pflanzenöl, Salz
500 g Muskatkürbis
8 EL Kürbiskernöl
5 cl trockener Weißwein
5 cl weißer Portwein
frisch gemahlener Pfeffer
50 g geröstete Kürbiskerne
Mehl für die Arbeitsfläche
1 Ei zum Bestreichen
600 g Lachsfilet
Kerbelblättchen zum Garnieren

Weintipp
Dazu passt ein trockener, lachsfarbener, fruchtiger 1998er Spätburgunder Weißherbst von Joachim Heger.

90 Minuten

1 Mehl, 60 Milliliter Wasser, 3 Esslöffel Pflanzenöl und 1 Prise Salz zu einem Teig kneten. In Folie gehüllt 30 Minuten ruhen lassen.

2 Kürbisfleisch in dünne Streifen schneiden, in je 2 Esslöffeln Kürbiskern- und Pflanzenöl dünsten. Mit Weiß- und Portwein einkochen. Salz, Pfeffer und Kürbiskerne unterrühren. In ein Sieb gießen, dabei den Sud auffangen.

Grüner Spargel schmeckt intensiver als weißer. Da der Anbau von grünem Spargel nicht so aufwändig ist, ist er in der Regel billiger. In der Zubereitung unterscheiden sich die beiden Spargelsorten aber nicht.

3 Den Backofen auf 200 °C (Umluft 180° C, Gas Stufe 3–4) vorheizen und ein Blech mit Backpapier auslegen. Den Strudelteig auf einer bemehlten Arbeitsfläche dünn auswellen. Mit dem Kürbis belegen, aufrollen und auf das Blech legen. Strudel mit verquirltem Ei bepinseln. Im Ofen etwa 25 Minuten backen.

4 Lachs in 6 Scheiben schneiden, salzen, pfeffern und im restlichen Pflanzenöl braten. Den Strudel in Scheiben schneiden. Kürbisfond mit restlichem Kürbiskernöl verschlagen und darüber träufeln. Den Lachs dazulegen, mit Kerbel garnieren.

Italienisches Duett

Lachscarpaccio mit Orangen-Spargel

Für 6 Vorspeisenportionen
Für den Orangen-Spargel:
1 kg Spargel
Salz, 1 TL Zucker
1 TL Butter, 1 EL Zitronensaft
1 Eigelb, 1 TL scharfer Senf
100 ml Olivenöl
200 ml Orangensaft (frisch gepresst)
etwas abgeriebene Zitronenschale
1 EL weißer Aceto balsamico
frisch gemahlener Pfeffer
Für das Carpaccio:
1/2 Bund gemischte Kräuter
300 g Lachs, hauchdünne Scheiben
Saft von 1 Zitrone
2 EL Olivenöl
grob geschroteter Pfeffer

60 Minuten
Marinierzeit: 2 Stunden

1 Den Spargel waschen, schälen und dabei etwa 2 Zentimeter von den Enden abschneiden. In einem ausreichend großen Topf genügend Salzwasser mit Zucker, Butter und Zitronensaft aufkochen.

2 Die Spargelstangen in das kochende Wasser legen und etwa 15 Minuten leise kochen lassen.

3 Mit einem elektrischen Handrührgerät das Eigelb mit Senf verrühren. Nach und nach das Olivenöl kräftig unterschlagen. Orangensaft, Zitronenschale und Balsamessig unterrühren. Mit Salz und Pfeffer abschmecken.

4 Den Spargel in ein Sieb gießen und in einer Schüssel mit der Orangenmarinade begießen. Mit Folie abdecken und für 2 Stunden in den Kühlschrank stellen.

5 Kurz vor dem Servieren die Kräuter waschen, trockenschwenken, Blättchen von den Stielen zupfen und fein hacken. Die Lachsscheiben auf sechs große Teller verteilen. Den Zitronensaft mit dem Olivenöl und den Kräutern verrühren.

6 Die Lachsscheiben mit Zitronenmarinade beträufeln und mit Pfeffer bestreuen. Den Orangen-Spargel separat dazu reichen.

Die Orangenmarinade verleiht dem Spargel ein ganz besonderes Aroma. Zusammen mit dem Lachscarpaccio ein Genuss.

Weintipp

Dazu passt – wie zu so vielen Lachsgerichten – am besten Champagner.

...und nach dem Lachs...

Crème brulée

Weintipp
Trinken Sie dazu ein Gläschen gut gekühlten Süßwein, etwa einen französischen 1996er Reserve du Chateau oder einen deutschen 1997er Wehlener Sonnenuhr vom Weingut Dr. Loosen.

Für 8 Portionen
600 ml Milch
600 g Sahne
2 Vanilleschoten
180 g Zucker
10 ganz frische Eigelbe
2 EL brauner Zucker

70 Minuten
Kühlzeit: 2 Stunden

1 Wasser in einem Bräter oder in einer Auflaufform zum Kochen aufsetzen. Acht Portionsförmchen aus Glas oder Porzellan mit kaltem Wasser ausspülen. Den Backofen auf 180 °C (Umluft 160 °C, Gas Stufe 2–3) vorheizen.

2 Milch und Sahne in einem Topf auf 70 °C erwärmen. Das Mark der Vanilleschoten auskratzen und in den Topf rühren.

3 Zucker und Eigelbe cremig rühren und die Milch-Sahne-Mischung dazugeben. Diese Mischung durch ein Sieb gießen und auf die Förmchen verteilen.

4 Die Förmchen in das kochende Wasser setzen und den Bräter in den Ofen schieben. Die Crème in knapp 60 Minuten stocken lassen.

5 Die Förmchen herausnehmen und mindestens 2 Stunden, am besten aber über Nacht, abkühlen lassen. Den Backofengrill auf höchster Stufe vorheizen.

6 Auf die Oberfläche der Crème jeweils 1/2 Teelöffel braunen Zucker streuen und unter dem Grill kurz karamellisieren. Sobald der Zucker geschmolzen und leicht gebräunt ist, die Förmchen herausnehmen und die Crème brulée sofort servieren. Dazu Plätzchen oder Hohlhippen reichen.

Tipp der Köche

Wer die Crème brulée zu seinem Lieblingsdessert machen will, sollte sich vielleicht wie Werner Licht in seiner Profiküche einen Bunsenbrenner zulegen, mit dem es kein Problem ist, den braunen Zucker in Sekunden ohne Grill zu karamellisieren.

Brauner Zucker ist von einer dünnen Melasseschicht bedeckt. Je dunkler der Zucker ist, desto kräftiger schmeckt er.

Rezeptregister

Die Autoren

Rose Marie Donhauser absolvierte drei gastronomische Ausbildungen, u. a. als Köchin im Hotel Hilton in München. Nach weiteren kulinarischen Erfahrungen in internationalen Hotels wandte sie sich 1988 dem Schreiben von Kochbüchern zu. Mittlerweile hat sie weit über 40 Titel veröffentlicht. Seit 1997 ist sie Mitglied im renommierten Food Editor Club.

Der Münchener Sternekoch *Werner Licht* sammelte nach seinr Ausbildung zum Koch nationale und internationale Erfahrungen in großen Häusern. Später war er viele Jahre Sous chef im berühmten Münchener Restaurant Tantris. Seit 1993 ist er Chefkoch in dem Restaurant Bistro Terrine in München.

Der Fotograf

Aufgewachsen auf dem flachen Land in Schleswig-Holstein lebt der Fotograf Michael Holz seit 15 Jahren in Hamburg. In seinem Studio auf St. Pauli arbeitet er heute für viele Verlage und Werbeagenturen. Hier realisiert er am liebsten Projekte, bei denen er seine Erfahrungen aus der intensiven Arbeit in den unterschiedlichsten Gebieten der Fotografie kombinieren kann – von Landschaftsfotografie über Stills bis zur Foodfotografie, von Beauty und People bis zu Arbeiten für die Musikbranche.
Aktuelle Arbeiten sind unter www.zauberhaus.com zu sehen.

Hinweis

Das vorliegende Buch ist sorgfältig erarbeitet worden. Dennoch erfolgen alle Angaben ohne Gewähr. Weder Autoren noch Verlag können für eventuelle Nachteile oder Schäden, die aus den im Buch gemachten praktischen Hinweisen resultieren, eine Haftung übernehmen.

Bildnachweis

Fotografie: Michael Holz, Hamburg
Foodstyling: Maik Schacht & Anne-Katrin Weber, Hamburg
Freisteller: Südwest Verlag
Die Bilder der Seiten 6, 7, 8, 9 und 11 stammen von Neubacher's, Hamburg; 2/3 o. von Karl Newedel, München; Titelbild von Antje Plewinski, Berlin

Impressum

Der Südwest Verlag ist ein Unternehmen der Econ Ullstein List Verlag GmbH & Co. KG, München

3. Auflage 2001

Lektorat: Dorothea Steinbacher
Projektleitung: Susanne Kirstein
Bildredaktion: Sabine Kestler
Foodfotografie: Michael Holz
Produktion: Manfred Metzger (Leitung), Annette Aatz, Dr. Erika Weigele-Ismael
Umschlag und Layout: Manuela Hutschenreiter
DTP: Maren Scherer, München

Printed in Italy
Gedruckt auf chlor- und säurearmem Papier

ISBN 3-517-06178-6